EL PODER TRANSFORMATIVO DE LA GRATITUD Y EL AGRADECIMIENTO

Descubre uno de los más Grandes Secretos
para Vivir una Vida Feliz y Plena

MARSH FRAZIER

© **Copyright 2022 – Marsh Frazier - Todos los derechos reservados.**

Este documento está orientado a proporcionar información exacta y confiable con respecto al tema tratado. La publicación se vende con la idea de que el editor no tiene la obligación de prestar servicios oficialmente autorizados o de otro modo calificados. Si es necesario un consejo legal o profesional, se debe consultar con un individuo practicado en la profesión.

- Tomado de una Declaración de Principios que fue aceptada y aprobada por unanimidad por un Comité del Colegio de Abogados de Estados Unidos y un Comité de Editores y Asociaciones.

De ninguna manera es legal reproducir, duplicar o transmitir cualquier parte de este documento en forma electrónica o impresa. La grabación de esta publicación está estrictamente prohibida y no se permite el almacenamiento de este documento a menos que cuente con el permiso por escrito del editor. Todos los derechos reservados.

La información provista en este documento es considerada veraz y coherente, en el sentido de que cualquier responsabilidad, en términos de falta de atención o de otro tipo, por el uso o abuso de cualquier política, proceso o dirección contenida en el mismo, es responsabilidad absoluta y exclusiva del lector receptor. Bajo ninguna circunstancia se responsabilizará legalmente al editor por cualquier reparación, daño o pérdida monetaria como consecuencia de la información contenida en este documento, ya sea directa o indirectamente.

Los autores respectivos poseen todos los derechos de autor que no pertenecen al editor.

La información contenida en este documento se ofrece únicamente con fines informativos, y es universal como tal. La presentación de la información se realiza sin contrato y sin ningún tipo de garantía endosada.

El uso de marcas comerciales en este documento carece de consentimiento, y la publicación de la marca comercial no tiene ni el permiso ni el respaldo del propietario de la misma. Todas las marcas comerciales dentro de este libro se usan solo para fines de aclaración y pertenecen a sus propietarios, quienes no están relacionados con este documento.

Índice

1. ¿Qué es la gratitud? — 1
2. La gratitud da poder — 5
3. Gratitud y sociedad — 17
4. La gratitud en la religión — 21
5. La gratitud en los tiempos actuales — 25
6. Cómo aprender la gratitud — 33
7. La gratitud vista desde una perspectiva psicológica — 45
8. La gratitud tiene que ver con el futuro, no con el pasado — 49
9. La gratitud te favorece — 67
10. Ejercicios de gratitud — 79
11. Agradece para construir fortaleza y paz — 85
12. Gratitud y éxito social — 143

Conclusión — 163

1

¿Qué es la gratitud?

La gratitud es ser agradecido, capaz de mostrar aprecio y devolver la amabilidad. La gratitud es algo que todos hemos sentido en algún momento. En el centro de esta emoción se encuentra la comprensión de que somos bendecidos de alguna manera.

Ahora bien, para algunos puede tratarse de grandes riquezas, propiedades y automóviles de lujo, mientras que para otros puede ser simplemente el regalo de la salud y la vida misma. Más que lo que expresa, lo importante es lo que la gratitud hace por el individuo. Hace que la persona sepa que no le falta nada, sino que tiene tanto que siente la necesidad de dar las gracias por su buena suerte.

. . .

Para los que digan que esto es un ejercicio de autoengaño, yo diría que la gratitud no se puede fingir. Sólo la expresas cuando la sientes, y si la sientes.

La gratitud surge cuando te das cuenta y aprecias que hay motivos para ser feliz; puede ser el amor de tu familia, un trabajo que te produce una gran satisfacción o un regalo caro que hayas recibido. Así que puedes sentir gratitud hacia Dios, la sociedad, tu familia, tus amigos y tus parientes.

Por lo general, la gratitud dura poco tiempo, ya que se produce en el cálido resplandor de cualquier beneficio obtenido por alguien de una fuente externa. Tiene una vibración positiva y alegre, y los que expresan su gratitud experimentan más alegría que los que no lo hacen.

La aparición de la gratitud suele estar determinada por la personalidad y el estado de ánimo de una persona, o por las emociones que siente en un momento dado. Cada persona experimentará el sentimiento de gratitud según su propia predisposición. La intensidad del sentimiento, y también la facilidad con que se evoca, varía de una persona a otra. Del mismo modo, el tipo de cosas, acontecimientos o personas concretas que despiertan la gratitud en un individuo también difieren de una persona a otra.

. . .

Independientemente de lo agradecido que uno sea por naturaleza, el hecho es que una expresión de gratitud casi siempre conducirá a un aumento correspondiente de la felicidad de una persona.

2

La gratitud da poder

¿Cómo es que mostrar gratitud conduce a tanta bondad?

A nivel psicológico, nos volvemos más felices, más positivos y más propensos a encontrar alegría y placer en todo lo que hacemos. Mostrar gratitud también tiene ventajas sociales, ya que nos volvemos más compasivos y generosos en nuestro trato con el mundo, lo que nos hace más populares entre la gente y, por tanto, menos propensos a la soledad.

Los estudios han demostrado que la gratitud nos ayuda tanto a nivel físico como psicológico. Desde el punto de vista físico, nos ayuda a reforzar nuestra inmunidad, lo que nos hace estar más sanos y con más energía. Por tanto, es menos probable que caigamos enfermos y podemos llevar una vida más activa.

Concretemos y enumeremos los considerables poderes que podemos obtener de la gratitud.

La gratitud da poder, nos permite comprender que la vida consiste en momentos bien vividos. En lugar de buscar momentos buenos o malos, la gratitud nos enseña a estar agradecidos por todos los momentos que componen una vida. Tomemos el caso de alguien que acaba de sufrir un accidente de coche que le ha llevado a ser hospitalizado con una pierna escayolada. Ahora, en lugar de lamentarse por tener que permanecer en el hospital durante dos semanas, la persona podría estar agradecida por haber salvado su vida, y podría esperar a ponerse al día con la lectura y los últimos deportes (o comedias) en la televisión.

La gratitud nos ayuda a desarrollar una perspectiva optimista y positiva sobre la vida, con todos sus altibajos.

Vivir la vida con gratitud nos permite comprender y apreciar que tomar lo áspero con lo suave con ecuanimidad es la clave de la felicidad, la satisfacción y la paz.

. . .

Inculcar una actitud de gratitud en los niños desde una edad temprana les ayudará a valorar las bendiciones que tienen, alejándolos de la plaga actual del sentido de derecho que afecta a tantos.

Es demasiado fácil para los niños de hoy en día dar por sentado las comodidades y los privilegios que les rodean.

Esta ingratitud pone a los niños en el camino de crecer como individuos a los que les resulta muy difícil encontrar paz y satisfacción.

Tendrá un impacto negativo en la capacidad de tener relaciones significativas, tanto en casa como en el trabajo.

Si tu hijo se queja de que no tiene la última videoconsola, hazle saber que la que tiene actualmente es suficiente por ahora. Dígale a su hijo lo feliz que fue usted cuando creció sin juegos electrónicos, y que era muy feliz saliendo a jugar al parque con sus hermanos, y sugiérale que haga lo mismo.

. . .

Puede que al final le compres esa nueva videoconsola, pero sólo después de que tu hijo haya usado completamente la versión anterior y la haya superado. No dejes que tu hijo caiga en la trampa de la gratificación instantánea. En su lugar, enséñele el camino virtuoso de la gratitud.

Lo mejor de la naturaleza fortalecedora de la gratitud es el hecho de que te hace ver tu propio ser bajo una nueva luz.

Cuanto más agradecido estés por lo bueno que ocurre en tu vida, menos te detendrás en aquellos aspectos de tu personalidad en los que crees que te quedas corto. Además, la gratitud te convierte en una persona empática que puede apreciar los logros de los demás sin sentir envidia.

Esto te libera para centrarte en hacer las cosas que te convienen. En otras palabras, tener una actitud de gratitud te ayudará a tomar las riendas de tu vida de una manera que antes no podías.

Una de las muchas formas maravillosas en que la gratitud te da poder es la forma en que energiza tu ser. El mero hecho de abrazar lo positivo y dejar de lado lo negativo te hace ver tu vida con esperanza y optimismo. Esto, a su vez, te entusiasma para dar lo mejor de ti en todo lo que haces.

Imagina que estás pasando por un mal momento con tu jefe en la oficina, y que te aterra la perspectiva de ir a la oficina todos los días y relacionarte con esa persona. Ahora bien, si recibe la noticia de que su jefe ha sido trasladado a otra oficina, y que otra persona con la que se lleva bastante bien ocupará su lugar, ¿no le daría un respiro? Es el mismo impacto que puede tener en tu vida inculcar el hábito de la gratitud, con la diferencia de que el jefe no tendrá que irse a ningún sitio. Habrías encontrado el entusiasmo para ir a la oficina todos los días porque no notarías las diferencias que tienes con tu jefe.

Estarías demasiado ocupado concentrándote en el trabajo que tienes entre manos, seguro y feliz de saber que tu competencia te hará salir adelante. Te deleitarías con la atención que te prestan tus subordinados y el aprecio de tus compañeros. Lo más probable es que, al ver tu actitud, tu jefe también ceda e intente llevarse mejor contigo.

La gratitud es como el sol que entra por la ventana en tu habitación y la ilumina cuando abres las cortinas por la mañana. Todo el mundo necesita este catalizador vital que puede hacer maravillas en la vida de las personas.

Desde profesionales del marketing y profesores universitarios hasta amas de casa y estudiantes, todo el mundo puede beneficiarse de un cambio de actitud que incluya el arte de mostrar gratitud. Mira lo que la gratitud puede hacer por cualquiera que decida adoptarla como forma de vida:

Hace que te sientas impulsado positivamente. Las personas que expresan fácilmente su gratitud encuentran algo que esperar cada día y, por lo tanto, se sienten impulsadas a lograr mucho más que las personas que guardan rencor.

Te permite mantener tu ego bajo control. Desde las religiones del mundo hasta los más grandes psicólogos de la historia, todos nos dicen que un ego desenfrenado nos mete en más problemas que cualquier otra cosa. Una persona que puede ver fácilmente algo bueno en todo el mundo y puede mostrar gratitud por ello, rara vez se verá atascada por el ego.

. . .

Le permite disfrutar de la vida al máximo. En nuestra vida cotidiana, llena de trabajo, plazos y compromisos, a menudo olvidamos que tenemos un tiempo limitado en la tierra. Hay tanta belleza a nuestro alrededor que no nos damos cuenta.

Sin embargo, basta con detenerse y la belleza está ahí, a nuestro alrededor: familia y amigos que apreciar, lugares que visitar, libros que leer, música que escuchar y mucho más.

Cuando mostramos gratitud es cuando realmente vivimos nuestra vida al máximo.

Te permite encontrar el sentido de la vida. La vida es algo más que la búsqueda incesante de posesiones materiales o la consecución de una serie de objetivos. La vida es algo más que encontrar un buen trabajo, casarse, tener hijos, comprar propiedades y coches, etc. Hay que encontrar el *sentido* de la vida. Tener un sentido de gratitud por lo que tenemos y desear lo mejor para los demás nos pone en el camino de la autorrealización.

Esto nos permite no sólo tener la satisfacción como una constante en nuestra vida, sino que también nos permite tender la mano a quienes puedan necesitar nuestra ayuda.

. . .

La gratitud nos hace más sociables. Las personas que no se privan de mostrar gratitud rezuman energía positiva y, por regla general, son más populares por tener una personalidad agradable y más afable. Esto ayuda a estos individuos a hacer más amigos y a tener relaciones más profundas y significativas. Las personas agradecidas en general son más amables, más sociables, más confiadas y más agradecidas.

Nadie quiere relacionarse con personas que no son agradecidas. No es sólo que estas personas no sean felices, sino que pueden traer infelicidad a las personas que las rodean y, finalmente, la gente tenderá a evitarlas.

Las personas agradecidas tienen un sueño de mayor calidad. Los pensamientos negativos que nos rondan por la cabeza mientras intentamos conciliar el sueño pueden mantenernos despiertos toda la noche. Puede ser la ansiedad por el trabajo, la preocupación por los hijos o la preocupación por los problemas económicos. La mayoría de las personas agradecidas tienen el mismo tipo de problemas y preocupaciones. La diferencia es que, antes de irse a dormir, las personas agradecidas sólo piensan en las cosas por las que están agradecidas, por ejemplo, tener buena salud, hijos bonitos, grandes amigos, etc.

Tener pensamientos felices antes de dormir reduce el tiempo necesario para conciliar el sueño y aumenta su duración y calidad.

La gratitud nos hace más fuertes emocionalmente. Las cuestiones insignificantes no afectan fácilmente a las personas que expresan su gratitud con frecuencia. Su capacidad para ver el panorama general les asegura una gran fortaleza emocional. La capacidad de estas personas para abjurar de sentimientos como la envidia permite un ciclo virtuoso de recuerdos felices, sentimientos agradables y una vida sana. Esto les da inevitablemente una ventaja sobre las personas que son más propensas a ceder ante el estrés.

La gratitud da un impulso a nuestra carrera. Si somos propensos a mostrar gratitud con facilidad, podemos obtener sus beneficios en nuestra carrera. Esto se debe a que una persona agradecida probablemente tendrá más empatía con sus colegas y jefes, lo que facilitará las relaciones en el trabajo. Esto permitirá a esa persona no sólo relacionarse mejor, sino mejorar su capacidad de toma de decisiones, lo que a su vez redundará en una mayor productividad. Todo ello repercutirá inevitablemente en la carrera profesional de forma muy positiva.

. . .

La gratitud realza y embellece nuestra personalidad. La gratitud hace esto de varias maneras.

Para empezar, nos hace ser muy optimistas sobre la vida.

Nos volvemos menos obsesionados con nosotros mismos, no anhelamos las posesiones materiales, y nos ayuda a desarrollar una perspectiva espiritual. Nuestra autoestima aumenta.

Todo esto nos hace felices y contentos, y esto se refleja en nuestro comportamiento y personalidad en general.

Las personas agradecidas son más optimistas. La gratitud está fuertemente correlacionada con el optimismo.

El optimismo, a su vez, nos hace más felices, mejora nuestra salud y se ha demostrado que aumenta la esperanza de vida hasta unos cuantos años.

El acto de gratitud es el acto de centrarse sólo en lo bueno de la vida. Si percibes que tu vida actual tiene más cosas buenas, también creerás que tu vida futura será aún mejor.

El optimismo está correlacionado con la gratitud porque quienes tienen una disposición optimista son más propensos a centrarse en lo bueno (gratitud) que en lo malo (decepción personal, ansiedad, etc.).

Un nosotros más feliz. (No es la gente feliz la que es agradecida; es la gente agradecida la que es feliz). Teniendo en cuenta que la gratitud nos ayuda a mejorar nuestra salud física y mental, además de potenciar nuestra capacidad para gestionar mejor nuestras relaciones y carreras, ser agradecidos nos da potencialmente más de la vida.

Incluso un aumento de la riqueza disminuye la capacidad innata de divertirse y disfrutar de la vida si no va acompañado de gratitud, porque tenemos la tendencia a acostumbrarnos a las cosas buenas de la vida y a darlas por sentado.

En cambio, mostrar gratitud por las distintas cosas que la vida ofrece a diario pone al individuo en el camino de la felicidad creciente.

MARSH FRAZIER

3

Gratitud y sociedad

Cuando miramos a Estados Unidos hoy en día, vemos una nación rica y poderosa que el mundo admira y mira hacia arriba. No se la admira tanto por su poderío militar y sus avances tecnológicos como por las libertades que otorga a su pueblo, que le permiten esforzarse por alcanzar sus sueños.

Hay muy pocas personas en el mundo que no estén influenciadas por Coca Cola, McDonald's, Hollywood y Elvis; la lista podría ser interminable. Pero, ¿cómo ha llegado Estados Unidos hasta donde está hoy?

Fueron los valores fundacionales de la nación los que sentaron las bases para los que vinieron después. Estados Unidos ha sido moldeado por una oleada tras otra de inmigrantes que llegaron de Europa y otras partes del mundo y adoptaron los valores estadounidenses. Esto es lo que puso al país en su camino de progreso inexorable.

Los primeros años fueron muy duros para los colonos, que tuvieron que construir una nueva vida en un nuevo continente sin ninguno de los sistemas de apoyo conocidos de sus antiguas tierras. Sobrevivieron a los primeros inviernos sombríos con gran dificultad, aprendiendo a adaptarse a la nueva tierra en parte por ensayo y error, y en parte aprendiendo de los indios locales.

Al darse cuenta de que el trabajo duro era la única manera de sacar adelante una nueva vida en esta tierra vasta pero aún desconocida, los colonos originales comenzaron a expresar su gratitud por las buenas cosechas celebrando el Día de Acción de Gracias. Hoy en día, el Día de Acción de Gracias es el día de mayor afluencia de viajeros del año, cuando las familias estadounidenses se reúnen para un banquete de Acción de Gracias, celebrando una tradición nacional de mostrar gratitud por todo lo que es bueno y maravilloso en sus vidas.

Una nación o un pueblo que agradece el regalo de la vida, un techo sobre sus cabezas y comida en la mesa, necesariamente progresará de la mejor manera posible. Los Estados Unidos, tal y como los conocemos hoy, son el fruto de los nobles esfuerzos de los primeros pioneros, que supieron mostrar su gratitud por los dones recibidos.

El objetivo de relacionar este incidente con el debate general sobre la gratitud es mostrar que la gratitud puede desempeñar un papel fundamental en la configuración del destino del hombre y, de hecho, de una nación.

4

La gratitud en la religión

Todas las grandes religiones del mundo nos imponen el deber de mostrar gratitud al Todopoderoso por las bendiciones que nos otorga en nuestra vida cotidiana: las bendiciones de la vida misma, la buena salud, los alimentos que comemos, el agua que bebemos, un hogar que llamamos nuestro y una familia a la que amar y cuidar.

La religión mantiene la sencillez y recuerda al hombre que debe contentarse con lo que tiene y no mostrar avaricia. Como dice el Salmo 107: "Dad gracias a Yahveh, porque es bueno. Porque su misericordia es eterna".

Visto desde una perspectiva religiosa, el propio aliento del hombre es un regalo de Dios. Por lo tanto, es obligatorio para el hombre mostrar una inmensa gratitud por su propia existencia. Los judíos, por ejemplo, rezan esta oración para mostrar su inmensa gratitud hacia Dios:

"Te doy gracias, Dios vivo y permanente, porque me has devuelto la vida: grande es tu fidelidad".

Los musulmanes dan mucha importancia a la gratitud, cuyo mejor ejemplo es el Ramadán, el período de un mes en el que se muestra la eterna gratitud a Dios mediante la oración y el ayuno. Como dice el Sagrado Corán: "*¿Qué bendición de tu Señor negarás?* "

Los hindúes están obligados a practicar diariamente la caridad y la hospitalidad bajo los auspicios de un templo, o un símbolo de lo divino presente en los hogares como muestra de eterna gratitud a Dios.

En el pasado, cuando la religión desempeñaba un papel mucho más importante en la vida de las personas, el énfasis desmesurado que se ponía en mostrar gratitud tenía su génesis en su capacidad para beneficiar al hombre y a la sociedad. En aquellos tiempos, cuando la adversidad en forma de enfermedad, sequía o guerra nunca estaba lejos, tenía sentido que la gente desarrollara un sentido de gratitud por lo poco que tenía.

· · ·

Esto les haría emocionalmente capaces de enfrentarse a las tremendas vicisitudes de la vida, que debían ser su suerte en aquellos tiempos.

Los líderes religiosos de antaño, por tanto, insistían en que el hombre considerara la gratitud como algo bueno para el bienestar moral; su práctica les aseguraba ser a su vez receptores de igual bondad.

En realidad, no era algo que la gente hiciera mecánicamente durante eones sin obtener ningún beneficio. Las investigaciones contemporáneas llevadas a cabo por los científicos demuestran que la expresión de la gratitud a diario conduce a mayores niveles de entusiasmo, energía, positividad y determinación.

La gratitud en la religión no depende de la ocurrencia de buenos tiempos, sino que debe ser una constante en nuestra vida. No importa lo graves que sean nuestras circunstancias actuales; no podemos no expresar gratitud sólo en los buenos momentos. Mostrar gratitud sólo en los buenos momentos nos expone a la acusación de hipocresía y mezquindad.

. . .

Por eso, en Tesalonicenses 5:18, Pablo dice: "Dad gracias en todo". El Islam sostiene que las personas que dan las gracias fácilmente, independientemente de las circunstancias, se ganan el derecho a ser los primeros en entrar en el paraíso.

Del mismo modo, los judíos creen que, en el placer o en el dolor, hay que dar las gracias.

Aparte de la ventaja práctica que suponía para las personas de la antigüedad mostrar gratitud, ya que les permitía ver la vida con ecuanimidad, se creía que la gratitud acercaba al hombre a Dios. Esta apertura a la presencia de Dios en la vida de uno, a menudo tenía un impacto muy positivo en la vida de las personas, llevándolas a vivir con más vigor de lo que habrían hecho normalmente.

5

La gratitud en los tiempos actuales

En la sociedad actual, altamente consumista, donde poseer un instinto asesino se considera un gran activo, y las cifras de crecimiento trimestral son una medida de la posición de una nación a nivel internacional, ¿tiene la gratitud algún lugar?

El hombre moderno tiene, sin duda, muchas cosas que sus antepasados probablemente ni siquiera podían visualizar: casas modernas dotadas de todas las comodidades posibles, medios de transporte rápidos y eficaces, y la capacidad de comunicarse al instante y sin problemas con cualquier persona y en cualquier lugar.

Sin embargo, ha habido una contrapartida en términos de pérdida de satisfacción, y la contaminación del medio ambiente, hasta el punto de que el mundo se enfrenta a un peligro para su propia existencia por el cambio climático.

¿Existe otro modelo de vida?

Sí, lo hay, y se llama mostrar gratitud por lo que tenemos, y no ansiar más y más. Los indios nativos de América conocían muy bien esta forma de vivir. Vivían de la naturaleza, pero nunca tomaban más de lo necesario. Si mataban un animal para comer, daban las gracias por su sacrificio.

Durante milenios, la India ha sido una economía rural en la que los agricultores se han ganado la vida a duras penas labrando la tierra con la ayuda de sus animales de granja y utilizando el agua de lluvia para cultivar alimentos como el trigo y el arroz. Para el abono utilizaban el estiércol obtenido de sus animales de granja.

Estos esforzados campesinos se las arreglaban para ganarse la vida a duras penas, pero celebraban las cosechas, las fiestas religiosas y las bodas con todo el entusiasmo y la pompa que podían reunir.

. . .

Este era su estilo de vida, siglo tras siglo, y nunca buscaron hacer ningún cambio o mejora. No tenían muchas posesiones materiales, aparte del ganado, las chozas para vivir y un poco de tierra para cultivar (a veces trabajaban la tierra en nombre de los terratenientes).

Pero nunca se quejaron de su suerte, por dura que fuera.

Tomaron lo bueno con lo malo. No contaminaron los ríos y el aire con la polución indiscriminada, ni degradaron la tierra regándola extensamente o envenenándola con fertilizantes químicos.

Si los campesinos no se veían afectados por alguna sequía o epidemia ocasional, se las arreglaban para vivir razonablemente felices y sanos. En sus vidas, la gratitud desempeñaba un papel integral: gratitud por una cosecha abundante, gratitud por el nacimiento de un hijo, gratitud por las buenas lluvias, gratitud al sacerdote del templo, gratitud al jefe de la aldea y, finalmente, gratitud al rey y a Dios. ¿Eran estas personas más felices que el hombre actual? Si la expresión de gratitud hace que una persona sea más feliz y tenga más energía, quizás lo eran.

. . .

¿Podemos, en los tiempos actuales, con todas nuestras bendiciones, aprender algo de estas civilizaciones más antiguas? Puede que no hayan alcanzado el mismo nivel de progreso material, pero quizás se les mostró un camino hacia la felicidad que no militaba contra la naturaleza, un camino más suave y noble.

¿No deberíamos reflexionar sobre si nuestra cultura contemporánea necesita una revisión?

No es que la gente ya no busque la felicidad. Lo hacen, todos y cada uno de nosotros. Pero nuestras formas de encontrarla varían. Algunos tratan de obtenerla a través de la caridad y el servicio, mientras que otros tratan de encontrarla a los pies de los gurús o en los libros esotéricos. Pero la inmensa mayoría de nosotros trata de encontrar la felicidad a través de la adquisición material.

Esto nos ha convertido en una sociedad que se siente con derecho a todo lo que recibe y obtiene, y que realmente no necesita expresar gratitud. Las cosas se ven a través del prisma de la venta y la compra, y algunos ven tanto las relaciones como las posesiones desde una perspectiva de uso y descarte. Esta escasez de gratitud es algo que se transmite de generación en generación, creando una sociedad desalmada y consumista en constante búsqueda de más estímulos.

. . .

Afortunadamente, la gratitud es tan contagiosa como el materialismo. Y puede extenderse entre más y más personas, sobre todo si se dan cuenta de que puede ayudarles a alcanzar ese esquivo estado de felicidad que llevan tanto tiempo persiguiendo. En los tiempos actuales, la gratitud se ha reducido a nada más que una emoción fugaz, y ya no tiene su peso histórico.

La gratitud, en el sentido tradicional, es algo más que una sensación de bienestar y felicidad por el hecho de que alguien o algo te haya beneficiado de alguna manera. También implica algo más: la devolución del favor.

No reconocer un favor o devolverlo equivale a la ingratitud, y esto es algo que millones de personas se permiten día tras día. Es casi como si todo el mundo nos debiera. No estamos en absoluto agradecidos por las bendiciones y los favores que recibimos. Demasiada gente puede ser descrita fácilmente como moral y espiritualmente en bancarrota.

La investigación presenta una imagen muy complicada de quienes muestran ingratitud. Normalmente, estas personas son bastante narcisistas y siempre buscan la aprobación.

Como están muy obsesionados consigo mismos, son incapaces de apreciar y comprender a alguien que les hace un favor.

No pueden ponerse en esa situación de ayudar a alguien por puro altruismo. La gratitud tiene su génesis en la humildad, mientras que la ingratitud nace de la arrogancia extrema.

Los agradecidos suelen prestar atención a su entorno y actuar con responsabilidad, mientras que los ingratos serán irresponsables y actuarán y hablarán de forma destemplada.

La humildad tiene su base en el realismo, en la comprensión de que estamos en una relación simbiótica con los demás, y que no nos hemos hecho a nosotros mismos. Ninguno de nosotros se ha creado a sí mismo. Todos hemos necesitado a nuestros padres, profesores, amigos, hermanos y al gobierno en diferentes momentos de nuestras vidas.

. . .

Alternamos entre recibir y hacer favores, y los que son agradecidos tienen, de hecho, un comportamiento sensato.

Ahora bien, este tipo de humildad no se da de forma natural u obvia en las personas, especialmente en la cultura actual, agresiva y obsesionada con uno mismo. Si eres capaz de frenar tu instinto natural de aceptar el derecho y, en su lugar, practicar el difícil arte de adoptar la gratitud y la humildad como tu leitmotiv, lo encontrarás liberador, no sólo en un sentido espiritual, sino también en un sentido psicológico. El conocimiento y la conciencia de que la vida no te debe nada, y de que todas las cosas buenas de la vida son pura providencia, hará que la gente esté mucho menos ansiosa y más en paz en los actuales tiempos hedonistas.

Sin embargo, no es del todo justo culpar a un solo individuo del actual desprecio por la gratitud.

El ritmo de vida y las enormes distracciones -en forma de equipos electrónicos, coches de lujo, destinos de vacaciones, pertenencia a clubes exclusivos, etc.- hacen que es difícil para la mayoría de la gente dedicar tiempo a mostrar gratitud por su buena suerte.

. . .

Afortunadamente, aún tenemos la opción de elegir.

Podemos reducir la velocidad y apreciar la belleza de la vida que nos rodea: en la naturaleza, en nuestros hijos, en los maravillosos parques y jardines de nuestras ciudades; de hecho, en la interacción humana diaria. Esto nos hará volver a ser íntegros, ya que podremos ver con claridad lo increíblemente afortunados que somos y lo eternamente agradecidos que deberíamos estar por el don de la vida.

Ninguno de nosotros va a vivir eternamente. Si vamos a gastar toda nuestra vida en adquirir cosas, y posponemos pasar un buen rato viviendo la vida, pronto nos encontraremos con que la vida ha pasado de largo.

Todo el mundo debería practicar el sentimiento de gratitud por todas las bondades que tiene, ya que la práctica les hará buenos en ello y podrán cosechar las ventajas físicas, mentales y espirituales que fluyen naturalmente del simple acto de ser agradecido.

A medida que más y más personas se unan para rediseñar la plantilla de la vida moderna, crearemos un mundo mucho mejor para las generaciones futuras y para nosotros mismos.

6

Cómo aprender la gratitud

La gratitud, afortunadamente, puede aprenderse. Con la aplicación correcta de la disciplina y la práctica, podrás dominarla.

Lo que ocurre con la gratitud es que a la mayoría de la gente no le resulta tan difícil expresarla, especialmente cuando las cosas van bien. Pero en el momento en que se produce una crisis o surge una situación desgraciada, la gente no ve muchos motivos para estar agradecida.

Muchos prefieren quejarse y lamentarse de su situación. Pero lo que ocurre con la gratitud es que realmente es un estado de ánimo. Si lo deseas, puedes encontrar una razón para sentirte agradecido en las horas más oscuras.

. . .

No importa lo aparentemente terrible que sea su estado, e incluso si ha sufrido un trauma o una pérdida dolorosa, siempre hay algo por lo que estar agradecido. Puede ser el amor de tu hijo, el hecho de que tengas una salud excelente o incluso el hecho de que tengas un bonito jardín cerca de tu casa.

Lo que hay que recordar es que todos estamos en este planeta durante un corto periodo de tiempo, y mientras vivamos y respiremos, tenemos algo que celebrar. Si las cosas pueden ir mal, también pueden mejorar o volverse muy buenas.

Las personas que se mantienen ecuánimes, independientemente de si lo están pasando bien o mal, son las que tienen más probabilidades de contentarse con lo que tienen, en lugar de quejarse de lo que no tienen. No es que estas personas hayan nacido así. Habrían llegado a esta etapa a lo largo de un periodo de tiempo.

Si observamos la forma en que se comportan las personas agradecidas, nos daremos cuenta de algunos rasgos comunes de comportamiento. A continuación, se presentan diez de estos rasgos que pueden guiarnos para mejorar nuestra capacidad de mostrar gratitud:

. . .

Tener una expectativa realista de la vida: La vida no suele salir como uno espera. Los mejores estudiantes de la escuela no necesariamente son los mejores en la vida.

Hay muchas ocasiones en las que alguien con menos talento que tú es capaz de conseguir el trabajo que deseabas, o de encontrar más éxito que tú. Tu mejor amigo puede robarte el afecto del amor de tu vida, o el ascenso en la oficina puede eludirte una vez más.

Ninguno de nosotros sabe qué tipo de cartas nos van a tocar en la vida. Si estamos preparados para las sorpresas que nos depara la vida, siempre podremos encontrar un resquicio de esperanza y estar agradecidos.

Ser feliz incondicionalmente: Las personas que ponen condiciones previas para ser felices probablemente nunca lo serán. Si codicias un determinado coche deportivo, está bien, pero si decides que vas a estar malhumorado hasta el momento de conseguirlo, ¿qué pasaría si se dejara de fabricar?

No debería hacer falta mucho para ser feliz. ¿Recuerdas la canción "Happy" de Pharrell Williams? ¿Qué furor causó?

. . .

Esto es porque en el fondo sabemos que no hace falta mucho para ser feliz.

Las personas que se muestran agradecidas por todo lo bueno que ven en sus vidas, por pequeño que sea, son las que encuentran más fácil ser felices. La gratitud incondicional es definitivamente uno de los requisitos para ser feliz.

Aceptar que lo bueno viene acompañado de lo malo: Cada rosa tiene su espina / al igual que cada noche tiene su amanecer. Las personas que saben apreciar esta faceta de la vida encontrarán en su corazón la posibilidad de agradecer lo bueno de la vida, al tiempo que se dan cuenta y aprecian el hecho de que probablemente también habrá un lado malo correspondiente.

Si hoy disfrutan del cálido resplandor del sol de verano, saben que pronto llegará el crudo invierno. Por el contrario, si llueve mucho, saben que es cuestión de tiempo que el sol atraviese las nubes.

. . .

Ser optimista: Las personas a las que les resulta fácil expresar su gratitud por la más mínima felicidad no se dejan amedrentar por las vicisitudes de la vida. Son los eternos optimistas que sólo necesitan el más mínimo atisbo de esperanza para ser felices y estar contentos. Para ellos, mañana será otro día.

Evitar la amargura y no guardar rencor: Si somos del tipo de disposición que no nos permite guardar rencor a alguien o estar amargados por cómo han salido las cosas, nos resultará bastante fácil expresar gratitud cuando las cosas nos salen bien.

Una persona que siempre arde de pasión o rabia nunca podrá expresar su gratitud, ya que no se dará cuenta cuando la marea cambie a su favor. Incluso si hemos sido gravemente ofendidos por otra persona, podemos resolver la situación de manera que estemos libres de odio. Podemos perdonar a la persona implicada, si es posible, o simplemente alejarnos de esa persona que nos hace enfadar y molestar. Tenemos que buscar una razón para ser felices y estar contentos, y no vivir permanentemente con odio y rencor.

Aprender a mostrar gratitud: Como seres humanos, es natural que pongamos nuestro propio interés por encima del de los demás. Tenemos que aprender a inculcarnos el hábito de mostrar gratitud.

. . .

Las personas que lo han conseguido han trabajado duro para convertirse en el tipo de personas que encuentran cosas por las que estar agradecidas. Mostrar gratitud cuando las cosas están mal no es nada fácil.

Tenemos que mantener la fe y no dejar que el pesimismo se apodere de nosotros. Las personas que acuden a sus amigos, parientes y otras personas cuando se sienten deprimidas están mejor equipadas para conservar el sentido de la gratitud, a pesar de las circunstancias.

Pensar en positivo: Las personas que tienen una actitud positiva ante la vida y a las que no les gusta hacerse las víctimas son las que podrán expresar su gratitud fácilmente a la primera indicación positiva.

Las personas que se lamentan constantemente y que se quejan de todo no son de las que se preocupan por los demás y muestran gratitud.

No ser rígidos en nuestro pensamiento: Las personas que se aferran a su forma de pensar no podrán superar los prejuicios y las nociones preconcebidas sobre la vida y las personas. Es probable que estas personas no sean capaces de apreciar la bondad de los demás o sus propias bendiciones, y no es probable que expresen su gratitud sobre algo o a alguien.

Amar el aprendizaje: Un sabelotodo no aprende de las lecciones de la vida. Es muy probable que una persona así sea muy mala para afrontar la adversidad.

Sólo aquellos que piensan que hay una oportunidad en cada adversidad, y que tratan el fracaso como un peldaño hacia el éxito, saldrán triunfantes.

Mostrar gratitud sería bastante fácil para estas personas, ya que comprenden mejor que ningún hombre es una isla en sí mismo, y que todos estamos inextricablemente ligados a los demás.

Tener un buen sentido de la autoestima: Son personas que no dejan que los golpes de la vida determinen en qué se convierten. Suelen ser personas decididas que tienen los medios necesarios para planear un regreso y alcanzar sus sueños. Por lo general, estas personas no tienen problemas en mostrar aprecio y gratitud, dondequiera que se deba.

. . .

El aprendizaje de la gratitud es un proceso proactivo. No sólo hay que inculcar ciertos rasgos, sino también evitar ciertos tipos de comportamiento:

Comparar: Todo el mundo tiene su propio camino en la vida, y no es bueno compararse con otra persona. Cada persona tiene un conjunto único de puntos fuertes y débiles. Las circunstancias también varían. Así que, en lugar de lamentar nuestra suerte y sentir envidia de los demás, es mucho mejor sentir gratitud por las bendiciones de nuestra vida, por limitadas que sean, y trabajar para alcanzar nuestros propios objetivos en la vida.

No reconocer nuestros defectos: Ninguno de nosotros es perfecto. Si pensamos que lo somos, nos engañamos completamente y nunca podremos apreciar las cualidades de los demás, y mucho menos mostrar gratitud. Sólo es cuando seamos capaces de aceptar nuestras imperfecciones y seguir dando lo mejor de nosotros mismos, conseguiremos cualquier cosa de nuestras vidas. Las personas que son capaces de hacerlo encontrarán fácilmente gratitud en sus corazones por cualquier cosa buena que les llegue.

No descansar lo suficiente: No somos máquinas y necesitamos un tiempo de descanso adecuado (¡incluso las máquinas necesitan revisiones y mantenimiento!). Si no lo hacemos, es probable que estemos estresados, malhumorados y enfadados todo el tiempo. Cada uno de nosotros tiene algunas bendiciones en la vida que nos hacen sonreír.

Estaría bien, de vez en cuando, tomarse un merecido descanso del trabajo para saborear lo que tenemos. Expresar la gratitud por la presencia de las personas que amamos, por nuestra posesión favorita y por cualquier cosa que nos dé placer nos pondrá en un estado de ánimo positivo y feliz.

Esto sólo puede servirnos de ayuda en todos nuestros esfuerzos. Así pues, descansar es algo que no debemos comprometer si queremos ser en gran medida felices y estar contentos en la vida.

No dar la debida importancia a las relaciones: El hombre es un animal social, y las relaciones humanas constituyen la base de la existencia humana. No podemos esperar alcanzar todos nuestros objetivos en la vida por nuestra cuenta. Hay que trabajar en el desarrollo de relaciones en las que podamos confiar en los momentos difíciles: personas con las que podamos compartir nuestras alegrías y felicidad.

. . .

Esto requiere que mostremos gratitud a quienes nos importan por estar ahí.

No obsesionarse con el reloj: El reloj no fue creado para controlar al hombre. Dicho esto, el tiempo es precioso, y al respetarlo mostramos gratitud por la oportunidad que nos brinda de hacer cosas que nos benefician. Al mismo tiempo, debemos apreciar que no podemos meter en nuestra agenda más actividades de las que nos permite el tiempo, pues si lo intentáramos no tendríamos tiempo ni siquiera para expresar nuestra gratitud.

No reconocer el valor de cada ser humano: Esto es algo de lo que el hombre moderno es definitivamente culpable. ¿Recuerdan esa canción de Phil Collins, "Another Day In Paradise", en la que una mujer que está a la intemperie y no tiene dónde ir pide ayuda, pero nadie da un paso al frente? Nos hemos acostumbrado al dolor de los demás.

¿Cómo podemos entonces mostrar gratitud por algo? Un corazón lleno de gratitud se acercará a los demás como seres humanos que necesitan un poco de apoyo.

. . .

No tratar la vida como una carrera interminable: Si estás constantemente en una carrera para llegar a algún sitio, nunca llegarás. Hemos reducido la vida a la persecución de plazos, y no nos detenemos a admirar la obra de Dios a nuestro alrededor. En lugar de correr una carrera en una cinta, hazte a un lado y aprende a apreciar las pequeñas cosas que contribuyen a algo grande y hermoso.

No formar parte de la carrera de ratas: Nadie puede hacerlo todo, ir a todas partes y tenerlo todo. Si pudiéramos evaluar nuestros puntos fuertes, sentir gratitud por lo que tenemos y esforzarnos por alcanzar nuestros objetivos realistas, estaríamos mucho mejor. Participar en una interminable carrera de ratas nos reducirá a ser poco más que una rata.

No des nada por sentado: Hay muchas cosas que agradecer y que damos por sentadas en la vida: el amor de nuestra familia, la compañía de los amigos, los consejos de los colegas y, de hecho, el privilegio de tener esta vida para vivir con todas sus maravillosas sorpresas. A un corazón agradecido le resultará más fácil mostrar su gratitud.

7

La gratitud vista desde una perspectiva psicológica

A PESAR de su importancia en la vida humana, la gratitud como emoción no es, por desgracia, ni muy discutida ni muy bien comprendida. Un filósofo tan eminente como Aristóteles no la consideró digna de ser descrita como una virtud.

En los textos religiosos, por supuesto, especialmente en el cristianismo, se hace hincapié en la gratitud como una emoción humana admirable, pero totalmente en el contexto de Dios y nuestro deber obligado de expresar gratitud por el don de la vida. Esto es bastante sorprendente, teniendo en cuenta que la gratitud tiene una importancia fundamental en el desarrollo de la sociedad humana civilizada.

. . .

Una posible razón de esta flagrante anomalía podría ser el hecho de que la gratitud implica el reconocimiento de un favor o una deuda con alguien, y a nosotros, como sociedad, no nos gusta estar en deuda con nadie. Supone admitir que no somos autosuficientes y que tenemos nuestra parte de vulnerabilidad.

Una excepción a este tipo de pensamiento la encontramos en la actitud de Adam Smith, el legendario economista del siglo XVIII, que opinaba que la gratitud era una virtud cívica muy importante, de hecho, y muy necesaria para la salud de las sociedades.

En la actualidad se ha despertado un interés desmesurado por el concepto de la eficacia y la preeminencia de la gratitud como emoción humana, hasta el punto de que se le atribuyen todo tipo de beneficios.

Para los psicólogos, la gratitud debe entenderse como una emoción muy parecida a las emociones más fácilmente identificables de la ira, el asombro, la felicidad, la envidia, la reverencia, etc. Hay quienes lo describen mejor como una amalgama de "emoción tierna y sentimiento negativo de sí mismo". Esta última parte alude al hecho de que la persona que siente gratitud se encuentra en una posición suplicante, ya que recibe un favor.

· · ·

Ésta puede ser una poderosa razón por la que muchas personas no quieren verse agobiadas por la rutina de la gratitud-obligación, ya que les gustaría ser dueñas de su propio destino. Sin embargo, distinguir la gratitud del agradecimiento mitiga un poco las circunstancias. La diferencia radica en el hecho de que mientras la gratitud es algo que uno puede sentir genuinamente hacia las personas o una situación, el agradecimiento lleva el anillo de la obligación.

Uno puede mostrar un sentimiento de gratitud en las ocasiones apropiadas, pero no necesariamente sentir un sentimiento duradero de agradecimiento.

Así, se podría animar a la gente a practicar la gratitud sin sufrir necesariamente la culpa de la obligación. Se les puede enseñar a pensar en la gratitud como una emoción totalmente positiva y generadora de felicidad. Una vez que las personas se sientan cómodas expresando un sentimiento de gratitud, es más probable que se beneficien de las ventajas derivadas, como más energía, entusiasmo y ganas de vivir que se derivan de estar a gusto en las relaciones interpersonales.

· · ·

Teniendo en cuenta lo acelerada, competitiva e insular que puede ser la vida en estos tiempos, la notable mejora de la vida social que supone una actitud de gratitud hace que la persona sea más feliz y esté en paz mentalmente. Esta es la razón por la que cada vez más personas se han aficionado a llevar diarios de gratitud. En estos diarios, las personas escriben regularmente (diaria o semanalmente) las cosas por las que tienen que mostrar gratitud.

Las personas que se entrenan en la búsqueda de motivos para mostrar gratitud de forma regular son capaces, en gran medida, de alejar emociones negativas como la ira, los celos y el odio.

Se cree que el sentido de la gratitud se origina en el córtex prefrontal izquierdo del cerebro, y que practicar para inculcar la emoción tiene un impacto positivo en su química.

A medida que la ciencia, la religión y la filosofía empiezan a converger en la opinión de que la gratitud es una virtud excelente que hay que cultivar, por completo para nuestro propio bien y bienestar, vemos un gran interés genuino entre la gente por reajustar los estilos de vida para alinearse con un nuevo modelo de comportamiento, del que la mayor parte consiste en mostrar gratitud sin vacilar.

8

La gratitud tiene que ver con el futuro, no con el pasado

La gratitud puede parecer la última emoción que elegirías para ayudarte a planificar el futuro. Con la posible excepción del arrepentimiento, ninguna otra emoción parece estar más centrada en el pasado o ser más pasiva por naturaleza. De hecho, si preguntas a la mayoría de las personas por qué se sienten agradecidas, te dirán que es porque en algún momento anterior, de la forma que sea, una persona les ayudó a obtener o alcanzar un objeto o una meta que no pudieron o no quisieron conseguir por sí mismos. Aunque la gratitud implica mostrar aprecio por las acciones pasadas y reconoce que no siempre puedes satisfacer tus deseos de forma independiente, su verdadero propósito es en realidad muy diferente. A nivel psicológico, la gratitud no tiene que ver con el pasado, sino con el futuro. Como veremos, al preparar a las personas para cooperar con los demás, la gratitud cambia lo que valoran. Empuja a las personas a trabajar en el momento para beneficiarse de lo que está por venir.

Al hacerlo, es un estado extremadamente activo, no pasivo. Como todas las emociones, influye en las decisiones sobre lo que hay que hacer a continuación.

PAGANDO POR ADELANTADO

Maldición, ahora tengo que conseguirte algo. Ahí está la diferencia entre sentirse agradecido y sentirse en deuda. A veces, recibir un regalo o un favor hace que tu corazón se hinche de gratitud; otras veces puede provocar un molesto sentimiento de responsabilidad. El factor decisivo es cómo valoras el regalo o el favor. Por valor, me refiero a algo que no se basa en el dinero o el estatus, sino en una moneda más flexible e íntima: el cariño. He experimentado más gratitud por los dibujos y las creaciones de peluche que mis hijas han pasado horas cosiendo a mano para mí que por regalos que valen cientos de dólares. Del mismo modo, estoy más agradecida por los momentos concretos en los que un mentor sacó tiempo de su apretada agenda para aconsejarme que por recibir una carta de recomendación que le llevó cinco minutos de cortar y pegar a la asistente de un supervisor.

. . .

Lo que unifica las experiencias de gratitud es la recepción de algo que uno desea y que tiene un coste para otra persona.

Los materiales de arte que mis hijas utilizaron para hacer un regalo para mí costaron centavos, pero el tiempo y el esfuerzo que dedicaron fueron inmensos para unas niñas de ocho años.

Que un mentor dejara en suspenso sus propias necesidades para hablar conmigo de mis preocupaciones fue más significativo para mí que una carta de recomendación con un impresionante imprimátur.

Estamos agradecidos cuando sentimos que los demás han invertido en nosotros, lo que nos hace estar dispuestos a devolver el favor en el futuro. El sociólogo Georg Simmel fue el que mejor lo captó cuando comparó la gratitud con la memoria moral de la humanidad: no te permite olvidar que le debes algo a alguien. Tanto si estás devolviendo a la gente su "inversión" en ti con dinero, tiempo o esfuerzo, la gratitud te empuja a anticipar o desviar tus propias ganancias en el momento al servicio de la construcción o el mantenimiento de relaciones beneficiosas a largo plazo.

. . .

Piénsalo así. La falta de gratitud suele tomarse como una afrenta por parte de alguien que se desvivió por hacer algo bueno por ti. Y a medida que se acumulan las afrentas, las relaciones mueren.

Por eso, aunque la gente no se sienta realmente agradecida, existe la norma social de fingirlo: decir "gracias" y parecer agradecido.

Pero el verdadero poder de la gratitud no proviene sólo de su expresión, sino de la configuración de su comportamiento.

Esto proporciona el punto de partida perfecto (y necesario) para empezar a explorar el poder de la gratitud para impulsar el autocontrol. Al igual que la gratitud nos ayuda a superar las tentaciones egoístas en el trato con otras personas, con un ligero giro también puede ayudarnos a cooperar con una persona muy concreta e importante para nuestro éxito a largo plazo: nuestro futuro yo. Y en la base, sacrificar el placer inmediato para ayudar a esa persona es lo que supone la valentía y los conceptos relacionados.

Así que, si la gratitud fomenta la cooperación a través del autocontrol, como estoy sugiriendo, podemos hacer una predicción directa. Cuando la gente se siente agradecida, debería dedicar más esfuerzos a ayudar a otra persona, aunque esa ayuda implique acciones menos agradables. Esa es la esencia de la cooperación; por definición, tiene un elemento intertemporal. Según este punto de vista, te aguantas y ayudas a tu amigo a trasladar sus muebles a un nuevo apartamento aunque preferirías pasar el día en la playa porque estás agradecido por los sacrificios similares que hizo para ayudarte en el pasado. Esa gratitud que sientes al recordar su ayuda te hace más fácil valorar su amistad a largo plazo por encima de los placeres inmediatos que ofrecen el sol y el surf.

Sin embargo, para demostrar que esto es así -que los sentimientos de gratitud animan a las personas a resistirse a los impulsos de holgazanear o incumplir los compromisos- es necesario realizar experimentos con personas agradecidas. Y conseguir que las personas se sientan agradecidas en el momento y en el lugar en que se necesita implica un poco de creatividad.

Si quieres saber cómo afecta realmente la gratitud a las personas, no puedes preguntarles. Más de una década de trabajo de los psicólogos Daniel Gilbert y Timothy Wilson ha demostrado que las personas no sólo son incapaces de predecir con exactitud lo que sentirán en respuesta a situaciones hipotéticas futuras, sino que son aún peores a la hora de adivinar cómo afectarán esos sentimientos a sus decisiones. Así que preguntar a alguien qué haría si se sintiera agradecido es un callejón sin salida científico. Para examinar cómo influye una emoción en las decisiones, hay que hacer que la gente sienta esa emoción en tiempo real y luego ver lo que hacen cuando los verdaderos costes y beneficios - tiempo, dinero, etc.- están en juego. Sin embargo, como acabo de señalar, esto suele plantear un problema: ¿cómo hacer que la gente se sienta agradecida en los confines de un laboratorio de investigación?

Esta es la cuestión con la que luchamos. Lo primero que consideramos mi colaboradora, Mónica, y yo fue probablemente lo más obvio: hacer regalos a la gente. Por desgracia, esa idea se esfumó rápidamente.

Es casi imposible pensar en un solo regalo que todo el mundo considere valioso tanto por su conveniencia como por nuestros esfuerzos para proporcionarlo. Hay más gente de la que imagina que no quiere una tarjeta regalo de 15 dólares de Starbucks o iTunes. Así que tuvimos que recurrir a una táctica que utilizamos a menudo en el laboratorio: el montaje. Utilizando una versión modificada del método que utilizamos para estudiar el engaño -en el que se decía a la gente que tenía que completar una tarea corta y divertida o una larga y difícil-, introdujimos a la gente en una sala de dos en dos. Uno era un verdadero participante, el otro un actor que trabajaba para nosotros. Después de escuchar las dos tareas, hacíamos que el actor se ofreciera a completar el trabajo oneroso. Pensamos que los participantes deberían sentirse agradecidos. No. Sólo se sintieron afortunados.

Al final nos dimos cuenta de que para que la gente se sintiera agradecida en esta situación, primero tenía que estar atrapada en un problema; tenía que ser suya. Sólo después, cuando sintieran la desesperación, alguien podría provocar la gratitud al intervenir para ayudarles a salir de su apuro.

Así que a la tercera fue la vencida. Ideamos una estratagema en la que colocamos a nuestros participantes en el precipicio de la miseria, sólo para ser salvados por los esfuerzos de otro.

Bueno, tal vez no exactamente la miseria, pero sí el precipicio de la frustración.

Gracias a un poco de programación informática creativa y a la puesta en escena, trajimos a las personas a nuestro laboratorio de dos en dos y las sentamos en cubículos adyacentes.

. . .

Uno de los dos era un participante real y el otro un confederado. A continuación, les pusimos a trabajar para completar una tarea informatizada que diseñamos específicamente para que fuera larga y aburrida. Al final de la tarea, les hicimos creer que su puntuación aparecería en el monitor del ordenador para que el investigador la registrara.

El único problema era que, sin que los participantes lo supieran, el ordenador en el que trabajaban estaba preparado para fallar justo cuando se suponía que iba a calcular la puntuación final. Cuando lo hacía, siempre se oía un gemido o un improperio que llamaba la atención de la investigadora sobre la situación del participante. En ese momento, la investigadora informaba al participante de que, desgraciadamente, tendría que volver a realizar la onerosa tarea en su totalidad, una declaración que normalmente provocaba más gemidos o improperios.

Los participantes creían estar atascados; les esperaban otros veinte minutos de tedio esforzado.

Ahora teníamos que hacer que estuvieran agradecidos, y para ello era necesario que alguien les ayudara a evitar el tedio que creían que les esperaba. Por suerte, había ese alguien sentado en el cubículo de al lado (la confederada). Al levantarse para marcharse, ya que su ordenador no tenía problemas técnicos, se detuvo, miró al verdadero participante y dijo algo así como "Vaya. Esto es terrible. Mi ordenador no se ha estropeado. Me pregunto por qué lo hizo el tuyo. Hmm". Miraba su reloj. "Tengo que correr a mi trabajo en el campus, pero vamos a ver si puedo ayudar a resolver esto. Soy bastante buena con los ordenadores".

Entonces empezaba a jugar con los cables y el teclado, y durante ese tiempo pulsaba subrepticiamente una tecla para iniciar una cuenta atrás para que el ordenador volviera a la vida.

Cuando lo hacía, solía verse la gratitud en los rostros de la gente. Y para corroborarlo, las almas aliviadas casi siempre decían sentir una buena dosis de gratitud cuando posteriormente medíamos sus emociones.

Creyendo que el experimento había terminado, los agradecidos participantes salieron del laboratorio y se dirigieron a la salida del edificio. Pero antes de que llegaran, nos aseguramos de que se encontraran con la persona que les había ayudado a arreglar su ordenador unos minutos antes.

. . .

Este confederado, que ahora parecía estar recogiendo datos para un proyecto de clase propio, preguntaba a los participantes que se acercaban si podían ayudarla. Necesitaba que la gente completara una serie de pruebas psicológicas. Si estaban de acuerdo, los sentaba a trabajar en una sala, diciendo que cuanto más tiempo estuvieran dispuestos a dedicar a completar las tediosas pruebas, más ayuda sería.

Cuando terminaban, sólo tenían que dejar su trabajo en una carpeta.

Dejando a un lado los entresijos logísticos del experimento, lo que tenemos es una dinámica muy sencilla y común. Una persona había ayudado a nuestros participantes a salir de un atasco -un favor por el que se sentían agradecidos- y ahora les pedía ayuda, lo que requería perseverancia para completar una tarea difícil. Lo que también es importante en este caso es que los esfuerzos de los participantes por ayudar no se supervisaban en tiempo real. Aunque después era obvio cuánto trabajo habían hecho, nadie estaba sentado sobre ellos con una mirada crítica o alentadora. La cantidad de trabajo dependía completamente de ellos.

. . .

Cuando comparamos la cantidad de tiempo que las personas agradecidas dedicaron a trabajar para ayudar al confederado con la que dedicaron las personas en un estado emocional neutro (es decir, las personas que hicieron el mismo experimento pero no se les estropeó el ordenador), encontramos una diferencia drástica. Los que sentían gratitud se esforzaron más por ayudar a su benefactor; pasaron un 30% más de tiempo trabajando en las pruebas.

De hecho, la gratitud estaba directamente relacionada con la perseverancia de una manera dependiente de la dosis. No era simplemente saber que alguien les había ayudado previamente lo que llevaba a la gente a trabajar más. Más bien era el nivel de gratitud que sentían en respuesta a esa ayuda; a medida que aumentaba su nivel de gratitud, también lo hacían sus esfuerzos y el tiempo que dedicaban a la tarea.

Aunque este hallazgo era alentador, teníamos una preocupación persistente: era posible que la gente ayudara a la confederada no porque estuviera agradecida, sino simplemente porque sentía que tenía una deuda con ella. Para comprobar si lo que importaba era realmente la gratitud y no un sentido básico de endeudamiento, volvimos a realizar el experimento pero con un simple cambio.

. . .

Ahora, la persona que pedía ayuda a los participantes cuando salían del edificio no era la persona que había ofrecido ayuda anteriormente en el laboratorio, sino un completo desconocido (es decir, un actor que trabajaba para nosotros).

Como esperábamos, surgió el mismo patrón. Las personas que se sentían agradecidas al salir del edificio no sólo eran más propensas a aceptar ayudar al desconocido, sino que pasaban mucho más tiempo haciéndolo que las personas que no sentían ninguna emoción en particular. Así que seguramente no se trataba de que la gente dedicara más esfuerzo a ayudar para saldar una deuda con alguien. No le debían nada a esta desconocida; nunca la habían visto antes.

Al igual que en el primer experimento, el autocontrol que subyace al esfuerzo también depende de la dosis. El tiempo que las personas perseveraban en las tareas destinadas a ayudar a la desconocida estaba directamente relacionado con el grado de gratitud que decían sentir en el momento en que ella les pedía ayuda. Los que se habían beneficiado de las acciones de la confederada en el laboratorio, pero que ahora no se sentían tan agradecidos por alguna razón, no trabajaron tanto para ayudar.

Menos gratitud significaba menos motivación para sacrificar tiempo y esfuerzo.

En conjunto, los hallazgos de estos experimentos son un tanto notables, al menos en lo que respecta a la visión actual del autocontrol. Demuestran que experimentar una emoción -no ignorarla o reprimirla- puede llevar a las personas a esforzarse más para beneficiar a otro. Cuanto más agradecidas estaban las personas, más ayudaban; estaban más dispuestas a aceptar costes de corta duración en términos de tiempo y esfuerzo para ayudar a otro.

En la situación habitual -en la que la gratitud y la ayuda posterior se dirigen a un benefactor anterior- esta dinámica tiene mucho sentido. Sin embargo, la gratitud, siempre que la sentimos, aumenta nuestra disposición a estar orientada al futuro, a trabajar para ayudar a cualquiera. En este caso, es fácil ver que la gratitud no consiste tanto en devolver como en devolver. Desde un punto de vista biológico, la razón por la que devolvemos no es realmente porque estemos en deuda. Si no vas a volver a ver a una persona, la decisión más adaptativa es engañarla.

Saldrías ganando. Pero si vas a volver a cruzarte con él -algo que solía ocurrir en nuestros entornos ancestrales-

tendrías que lidiar con la sombra del futuro, y eso significa comportarte de forma justa para poder seguir acumulando los beneficios que se derivan de las relaciones con los demás.

Pocos han destacado el importante papel que desempeña la donación en el éxito como Adam Grant, de la escuela de negocios Wharton.

En su conocido análisis de los dadores frente a los tomadores -personas que están dispuestas a dedicar tiempo y esfuerzo a ayudar a los demás frente a los que se benefician de la ayuda pero se niegan a devolver el favor- Grant demuestra que en casi todas las medidas de éxito imaginables, los que dan, a largo plazo, salen ganando.

Sí, como en la mayoría de los casos, puede haber demasiado de algo bueno; dar repetida e incondicionalmente puede convertirte en un felpudo. Pero fuera de ese caso aberrante, la generosidad garantiza que se te valorará y se te devolverá con creces. Por lo tanto, una de las principales ventajas de la gratitud es que ofrece quizá la vía más rápida y sencilla para inculcar la disposición a dar, una que no depende de la fuerza de voluntad y que se resiste a ser subvertida por un razonamiento motivado y egoísta. Y al hacerlo, centra nuestras mentes y acciones en lo que está por venir.

MALVAVISCO REDUX

Hasta ahora, he estado mostrando cómo la gratitud puede fomentar el autocontrol al dar a los demás. Y aunque estos comportamientos seguramente suenan como si requirieran cierto grado de autocontrol, hay una ligera diferencia en el enfoque. En los ejemplos anteriores, la gente utilizaba el autocontrol para ayudar a otro -no a sí mismo- a tener éxito.

He señalado que al ayudar a otros también nos ayudamos a nosotros mismos, y eso es cierto. Menos obvio, pero igualmente cierto, es que la gratitud puede ayudarnos a nosotros mismos por una vía diferente: ayudando directamente a nuestro propio futuro.

En todos los casos, el éxito de la cooperación con un compañero requiere la capacidad de resistir la tentación inmediata de hacer trampas o holgazanear.

. . .

Cuando estudia para un examen en lugar de jugar, ahorra dinero en lugar de gastarlo o come brócoli en lugar de caramelos, lo que realmente está haciendo es asegurarse de que en el futuro estará mejor. Tendrá más probabilidades de entrar en la universidad y menos de quedarse sin dinero o de padecer cáncer.

Pero hacer esto cuesta. Significa que tu presente tiene que renunciar a alguna satisfacción inmediata. Como en cualquier intercambio diferido, una persona tiene que dar algo por adelantado para obtener beneficios posteriores.

La forma más habitual en que la gente intenta resolver el problema de la cooperación entre su yo presente y el futuro es confiar en la razón y la fuerza de voluntad. Pero esta técnica no siempre funciona bien. Al igual que la mayoría de la gente está dispuesta a engañar a los demás si cree que no le van a pillar - recuerda el 90% que lo hizo regularmente en mis experimentos-, lo mismo ocurre cuando se trata de engañar a su yo futuro.

De hecho, probablemente sea más fácil actuar de forma egoísta con alguien que sabes que nunca te enfrentarás -el futuro tú- que con alguien con quien posiblemente te encuentres la semana que viene. El futuro tú te perdonará por gastar, salir de fiesta o darte un capricho de todos modos, ¿verdad? La respuesta, por desgracia, es probablemente *sí, ya que hemos* visto pruebas de que la mayoría de la gente tiende a racionalizar sus pecados.

Lo que realmente se necesita para resolver el problema es un instrumento más fiable que el control ejecutivo. Como acabamos de ver, la gratitud hace que la gente esté dispuesta a sacrificarse para ayudar a *cualquiera;* funciona como un empujón constante para valorar las posibilidades que ofrece el futuro. Y como resultado, mi equipo pensó que podría fomentar fácilmente y de forma fiable la cooperación con el propio yo del futuro, también. Si fuéramos correctos, la gratitud debería facilitar el autocontrol a la hora de esperar el proverbial segundo malvavisco.

9

La gratitud te favorece

La gratitud es una actitud que funciona para ti. Eso es lo esencial. Dado el estrés, las tensiones y las tribulaciones de la vida moderna, sería muy poco inteligente no recurrir a esta emoción tan humana que ha ayudado a la humanidad a vivir mejor desde la antigüedad.

La gratitud tiene el potencial de convertirte en una persona extremadamente feliz. Lo que hay que hacer es simplificar las cosas. Tenemos que prestar atención a las cosas buenas de nuestra vida y mirar al futuro con optimismo. Vale la pena agradecer todo lo que nos ocurre a diario: lo bueno, por los beneficios que nos llegan, y lo malo, por las lecciones que nos enseñan.

· · ·

Esto abrirá nuestra mente a toda la abundancia que nos rodea.

Conocerás las muchas bendiciones que te rodean y aprenderás a estar verdaderamente agradecido y feliz de tenerlas. Entre ellas, la más importante es la presencia de las personas que nos quieren.

La constatación de que hay mucho por lo que alegrarse, y la gratitud que sentimos por una vida tan bendecida, nos hará ver la vida con una perspectiva transformada, sin espacio para la melancolía, las dudas o el rencor.

Es importante recordar que ni la gran felicidad ni la gran pena son permanentes. Si te compras un Jaguar hoy, la extrema felicidad que sientes no te durará toda la vida. Del mismo modo, incluso algo tan traumático como la pérdida de un ser querido no se sentirá con tanta intensidad durante toda la vida.

Pero es posible tener una felicidad que dure toda la vida, y esto sólo se puede conseguir mostrando gratitud, algo que ha sido autentificado por la ciencia. La infelicidad tiene sus raíces en el miedo: miedo a no ser lo suficientemente rico o bueno, miedo a perder el trabajo, miedo a no tener suficiente dinero para pagar las facturas o, simplemente, miedo a llegar tarde a la oficina, lo que le hará conducir peligrosamente.

La gratitud por lo que se tiene es el mejor antídoto contra el miedo. Si podemos aprender a estar en un estado de gratitud en todo momento, nos hace olvidar el miedo y aprender a aceptar la felicidad.

Vale la pena preguntarse constantemente: "¿Qué es lo que me está funcionando muy bien en este momento?". Cuando descubras que siempre hay algo que te está funcionando bien, sea cual sea tu situación, descubrirás que eres capaz de mantener a raya los pensamientos negativos.

Recuerda que todos nuestros sentidos pueden darnos un motivo de gratitud: nuestros ojos por mostrarnos los rostros de nuestros seres queridos o un hermoso amanecer; nuestra lengua por esa vigorizante taza de café; nuestros oídos por la sinfonía de Beethoven que nos encanta escuchar, y nuestra piel por responder a una vigorizante brisa marina.

. . .

Los fundadores de Facebook tenían algo en mente cuando añadieron la función "Me gusta". Se dieron cuenta de que, para ser tomados en serio como sitio web de redes sociales, tenían que proporcionar un placer sin igual a los usuarios.

Cuando la gente le da un "Me gusta" a lo que publicas en Facebook, sientes una sensación de gratitud, y eso te hace feliz.

Cuantos más "Me gusta" recibas, más gratitud sentirás y más feliz serás. No es de extrañar que la friolera de 1.350 millones de personas estén activas en Facebook cada mes.

De hecho, todo el fenómeno de las redes sociales ha echado raíces porque estas plataformas intentan sustituir a las fuertes y poderosas redes sociales del pasado. La gran diferencia, por supuesto, es que antes íbamos a ver a nuestros amigos, conocidos y familiares en lugar de conectarnos con ellos virtualmente.

Sin embargo, el corazón y el alma de estas redes modernas es el mismo aprecio entre iguales. Gracias a su capacidad para encontrar amigos perdidos hace mucho tiempo y conectarnos diariamente con los acontecimientos de todo un círculo social, estas redes fomentan una intrincada danza social de aprecio y gratitud.

Al igual que las estructuras sociales ordenadas por la religión en el pasado, las redes sociales son el nuevo medio para que la gente se una, se comunique y se desahogue. Una de las principales razones de esto, por supuesto, ha sido la ruptura de las fronteras geográficas debido a la buena conectividad de Internet.

Se puede argumentar entonces que, debido al número mucho mayor de personas con las que nos conectamos e interactuamos proactiva e íntimamente a gran escala, la gente debería ser mucho más feliz ahora.

Hasta cierto punto, las redes sociales proporcionan un medio vital para encontrar relevancia y aceptación entre los grupos de iguales, especialmente para los más jóvenes. Sin embargo, existen dudas sobre la eficacia o la salud de la socialización virtual. No obstante, no se puede negar que los medios de comunicación modernos facilitan una mayor interacción entre un gran número de personas, y son sin duda una herramienta importante para expresar nuestra gratitud.

. . .

En los viejos tiempos de reyes y monarcas, existía el derecho divino a gobernar.

El derecho de un gobernante a gobernar era absoluto, y los súbditos, si tenían suerte, podían ser bien atendidos por un gobernante benigno. En caso de que no lo fueran, y el gobernante fuera cruel y codicioso, también tendrían que soportar eso.

En cualquier caso, debían mostrar gratitud al gobernante por su protección, y también por el orden que imperaba en el reino, sin el cual habría anarquía.

Esto lo hacían pagando impuestos y enviando a sus jóvenes a servir en los ejércitos.

La contraparte moderna de esto es la democracia (aunque tiene orígenes antiguos, se desarrolló en la era moderna), que sigue un patrón más genuino de devolver una buena acción con gratitud. Los votantes eligen a los funcionarios del gobierno con la expectativa de obtener un buen gobierno. El gobierno elegido trata de mostrar su gratitud cumpliendo sus promesas. Si cumple sus promesas y su potencial, los votantes, a su vez, expresan su gratitud votando a favor de que el gobierno tenga otra oportunidad de gobernar.

. . .

Lo importante es darse cuenta de que la gratitud es el pegamento que mantiene unida a la humanidad. Todos podemos imaginar que somos islas de excelencia y que no necesitamos que nadie nos valide, pero nos estaríamos engañando a nosotros mismos.

Necesitamos que alguien nos venda los alimentos que comemos, nos suministre agua y energía y, por supuesto, mantenga en funcionamiento Internet, el símbolo más potente de la modernidad. Así que, si vamos a depender los unos de los otros, es de nuestro máximo interés mutuo mostrar gratitud por lo que hacemos los unos por los otros.

La falta de gratitud por lo que tenemos acabará siendo la perdición de la raza humana, a menos que corrijamos nuestro rumbo. Fíjate en cómo hemos ido despojando a la tierra de sus recursos sin pensar en cómo degradamos el medio ambiente en el proceso.

Lo que no se comprendió fue que debíamos mostrar gratitud a la Tierra por proporcionarnos el entorno para llevar una vida muy feliz y cómoda. Esto podría expresarse mediante un uso sensato de los recursos y el cuidado del medio ambiente. Pero olvídate de la gratitud; dividimos los recursos de forma desigual, haciendo que algunas personas sean muy ricas y otras muy pobres. En la carrera por favorecer los intereses de ciertas naciones ricas y dominantes, los recursos del planeta fueron explotados sin piedad, sin pensar en el mañana. Muy pronto, los pobres del mundo también se unieron a la carrera por el desarrollo y comenzaron el mismo saqueo despiadado de los recursos.

Si tomamos la Tierra como una metáfora de un benefactor que nos proporciona todo lo que necesitamos, y no espera otra cosa que mostremos gratitud hacia ella actuando con responsabilidad, hemos defraudado mucho a ese benefactor. De hecho, esta ingratitud a nivel cósmico ha empezado a repercutir en nosotros de forma muy negativa, ya que el cambio climático está empezando a causar estragos en los patrones meteorológicos globales. Afortunadamente, la gente de todo el mundo reconoce el problema y ha empezado a dar los primeros pasos para revertir la terrible política de la humanidad hacia su planeta anfitrión, la Tierra.

Del mismo modo, en la vida, la ingratitud nos meterá en grandes problemas más pronto que tarde. Tenemos que ser muy firmes y seguir una política de gratitud allí donde sea necesario si queremos encontrar la felicidad, la satisfacción y, sobre todo, el sentido de nuestras vidas.

. . .

El modelo actual del llamado individualismo que fomenta la persecución del crecimiento económico a costa del crecimiento emocional es un camino de ida al desastre final. Cada trimestre nos asaltan las cifras de crecimiento: crecimiento de las empresas, de los bancos, de los gobiernos nacionales, etc. No se habla del crecimiento del ser humano.

Al noreste de la India hay un pequeño reino montañoso llamado Bután, una tierra pacífica de altas colinas, bosques y limpios ríos de montaña, donde han eliminado el concepto de PIB (Producto Interior Bruto) y en su lugar siguen el de FNB (Felicidad Nacional Bruta). La felicidad de la gente es de suma importancia en el reino, y el crecimiento económico es un claro segundo.

Los habitantes de esta hermosa tierra de montaña son, en efecto, muy felices en su vida sencilla pero idílica, siendo el deporte nacional del tiro con arco la forma preferida de entretenimiento. De hecho, hasta hace poco ni siquiera tenían televisión.

La expresión de la gratitud es una práctica habitual en esta cultura, lo que ha permitido a sus habitantes llevar una vida sencilla pero muy satisfecha y pacífica. Su rey es probablemente el único rey soberano del mundo que ha introducido la democracia en su reino y ha renunciado a todo el poder, excepto al de rey titular que actúa como jefe de Estado.

Se trata, por supuesto, de un pequeño reino en las montañas del Himalaya, donde la gente puede elegir vivir según el concepto de una sana y frecuente expresión de gratitud. Puede que uno no suscriba su estilo de vida o su forma de gobierno, pero puede aprender el valor de la gratitud como principio rector de la vida.

El mundo ha tomado nota de lo que hace Bután, y esto se demuestra por el interés que ha suscitado el modelo de Felicidad Nacional Bruta a nivel internacional. Tanto la provincia canadiense de Columbia Británica como el país de Brasil introdujeron encuestas basadas en el modelo butanés de la FNB, que intenta que los gobiernos promuevan la felicidad por encima de todo. También Singapur se inspiró en la FNB cuando su presidente, el Dr. Tony Tan, sugirió que, además de constituir unas reservas financieras adecuadas, el país debía crear lo que se describió como reservas sociales.

Así que, en lugar de ser una moda esotérica, la gratitud es una corriente principal, y así la consideran los psicólogos, los médicos y los gobiernos.

En realidad, es un concepto que cambia el paradigma y que puede transformar la forma en que las personas viven sus vidas y los gobiernos llevan a cabo sus negocios.

Aunque ha existido durante miles de años, ordenada como un deber por las religiones de todo el mundo, la gratitud perdió su brillo en el mundo moderno. Se ha visto con recelo en las economías de mercado del mundo. El hecho de que haya resurgido en la conciencia de la gente dice mucho sobre su eficacia para hacer que los seres humanos, y en última instancia la sociedad, funcionen mejor.

El hecho de que la gratitud sea una emoción anima a las personas a mostrar aprecio por lo que poseen, en lugar de dejarse arrastrar por una mentalidad ansiosamente consumista que te tendría perpetuamente insatisfecho y, en consecuencia, infeliz. La buena noticia es que la gratitud es algo que podemos aprender a cultivar. Prácticas sencillas como llevar un diario de gratitud mejoran notablemente nuestra capacidad de expresar gratitud, lo que conlleva una serie de beneficios para la salud.

La gratitud nos sirve tanto en los buenos como en los malos tiempos. En los buenos, nos ayuda a celebrar y reafirmar todo lo bueno que hay en nuestra vida, y en los malos momentos nos recuerda que todavía tenemos muchas bendiciones por las que estar agradecidos. Esto nos dará el coraje y la fuerza necesarios para diseñar una remontada.

La gratitud ayuda porque nos permite tener una actitud redentora en lugar de una actitud de confrontación o derrota.

Al mostrar gratitud, la humanidad recorre un buen camino, un camino de progreso acompañado de bienestar. La gratitud es la emoción que podemos aprovechar estratégicamente para cambiar el paradigma de nuestra vida y pasar de la competitividad y el materialismo huecos a un crecimiento holístico integral que dé prioridad a la felicidad.

10

Ejercicios de gratitud

La gratitud es una gran actitud, pero no es algo con lo que necesariamente nacemos. Podemos adquirirla observando a nuestra familia, vecinos, amigos y otros miembros de nuestro grupo de iguales, o podemos tener una pequeña inclinación natural hacia ella.

Sin embargo, para desarrollar un sentido de la gratitud bien afinado, que se convierta en el leitmotiv de nuestras vidas, puede que tengamos que hacer un pequeño esfuerzo adicional. Realizar ejercicios de gratitud es una buena manera de inculcar la emoción de la gratitud de forma holística y orgánica.

. . .

A continuación, se presentan algunos ejercicios de gratitud muy eficaces que pueden ayudar a perfeccionar tu capacidad de experimentar la gratitud.

Llevar un diario de gratitud: Este es, con mucho, el método más fiable para inculcar una actitud de gratitud en nuestras vidas. Todo lo que tenemos que hacer es anotar en un diario de gratitud un mínimo de tres cosas por las que estar agradecidos al final de cada día. Pueden ser cosas sencillas como una comida con la familia, ponerse al día con un viejo amigo o incluso dar de comer a las palomas en una plaza.

Con este sencillo recurso, no sólo te acostumbras a darte cuenta de que eres una persona afortunada, sino que también estás en el nivel mental de recablear tu cerebro para pensar de forma diferente.

Empieza el día con gratitud: Acostúmbrate a realizar este ritual de café a primera hora de la mañana, cuando tu mente está libre de desorden.

Cuando te tomes la primera taza de café de la mañana, reflexiona sobre las cosas por las que deberías mostrarte agradecido. Puedes empezar por sentirte bien por tener una taza de café caliente a primera hora de la mañana. Deja que el calor de la taza de café que tienes en las manos se filtre en todo tu ser y te haga esperar el día que viene con anticipación y, sobre todo, con gratitud.

Si haces esto todas las mañanas, descubrirás que no sólo serás capaz de descubrir fácilmente la gratitud, sino que tu día por delante se desarrollará bastante bien. Dicen que lo bien empezado está medio hecho.

Dar las gracias: Dar las gracias antes de la comida es una de las prácticas religiosas más significativas, aunque subestimada. Antiguamente, cuando la religión desempeñaba un papel mucho más importante en la vida de las personas, y llevar la comida a la mesa era en sí mismo un logro, dar las gracias era algo sincero y de corazón.

La mayoría de la gente ya no practica este ritual, salvo en raras ocasiones especiales, y mucha gente no es muy religiosa en cualquier caso. Pero, si encontráramos tiempo para dar las gracias, y no necesariamente por alguna razón religiosa o incluso antes de una comida, aprenderíamos a conocer la gratitud.

. . .

Si das las gracias cada vez que ocurre algo bueno -recibes un sueldo, tu hijo o hija es admitido en la universidad, o te comes tu filete favorito- te darás cuenta de que hay mucho que agradecer.

Cuando estés agradecido por el aire que respiras y el agua que bebes, mostrar gratitud por las cosas importantes de tu vida será pan comido.

Carta de agradecimiento: Hay muchas personas, padres, profesores, mentores, etc., cuya contribución a tu vida es inmensa o al menos significativa, pero ¿alguna vez les has dado las gracias? Tal vez no esperen que lo hagas, o tal vez te sientas avergonzado de hacerlo. ¿Cómo le dices a tu madre: "Oye, mamá, te agradezco que me hayas tenido y me hayas criado"?

¿Qué tal si escribes una carta de agradecimiento bien pensada y sincera en la que expliques claramente por qué crees que la contribución de una persona en tu vida es tan significativa, y por qué estás tan agradecido por ello?

Puedes avisar a estas personas de que has escrito uno, para prepararlas, o puedes pillarlas desprevenidas. Puede leérsela personalmente, o hacer que se la envíen; el impacto será grande de cualquier manera.

. . .

Habrá una transformación positiva en tu relación con esas personas, y habrás aprendido el poder que tiene la gratitud para transformarte a ti y a tus relaciones.

La oración: Una vez más, la oración, al igual que la religión, no está muy de moda hoy en día. A la gente no le gusta rezar porque cuando lo hace se encuentra en una posición suplicante, agradeciendo a Dios su infinita misericordia.

Esto es demasiado para el hombre de hoy, autosuficiente y conocedor, que sabe lo que quiere en la vida. ¿O no?

Cuando un hombre reza a Dios, no sólo está expresando su gratitud, sino que también está liberando su mente de preocupaciones y ansiedades. Por lo tanto, no se trata de una calle de un solo sentido, como podría imaginarse. Una persona se siente más ligera y relajada después de rezar, y esto es un hecho avalado por la ciencia. Por lo tanto, si sigues un sistema de oración ritualizado en el que practiques regularmente la gratitud, acabarás notando que mostrar gratitud se ha convertido en una parte integral de tu naturaleza.

Los beneficios de la gratitud son numerosos y están bien documentados, y las técnicas para inculcarla en nosotros mismos también son conocidas. Lo que tenemos que hacer ahora es seguir adelante y hacer de la gratitud una parte inseparable de nosotros.

Por último, recuerda siempre que la gratitud te da poderes. Ser agradecido te dará ciertos poderes que las personas desagradecidas no tienen. La gente agradecida los tiene:

· El poder de sentirse mejor en su vida
· El poder de experimentar mayores niveles de alegría y felicidad
· El poder de sentirse optimista sobre el futuro
· El poder de enfermar menos a menudo
· El poder de tener más energía
· El poder de tener más determinación y concentración
· El poder de dormir mejor
· El poder de tener mejores relaciones con la familia, los amigos y los colegas
· El poder de poder ayudar a otros y ofrecer apoyo emocional

11

Agradece para construir fortaleza y paz

La compasión, como la gratitud, está íntimamente ligada a la vida social. Ningún hombre o mujer es una isla, lo que significa que de un modo u otro todos dependemos de nuestros semejantes. Y mientras que la gratitud surge del reconocimiento de que los demás nos han ofrecido algo de valor, la compasión deriva de la otra cara de la moneda.

En pocas palabras, nos motiva a preocuparnos por los demás sin tener que haber recibido previamente ayuda o beneficios de ningún tipo de ellos. Como tal, inicia ciclos virtuosos al animar a las personas a dar ese primer paso de sacrificar tiempo, dinero o algún otro recurso para beneficiar a otro, incluso si ese otro es su propio futuro.

. . .

Para ver un ejemplo de los beneficios de la compasión en acción, veamos uno de los mayores dilemas intertemporales a los que se enfrentan los trabajadores de las principales economías: el ahorro para la jubilación. Es el clásico problema de la hormiga contra el saltamontes. La gente puede utilizar el efectivo en mano para satisfacer un yen inmediato, o puede ponerlo en su cuenta de jubilación ligeramente infrafinanciada, que, si sigue sin estarlo, dará lugar a una vejez sombría. La mayoría de la gente, como se desprende de un informe tras otro sobre el ahorro y los ingresos prescindibles publicados por la industria financiera, optará por la primera opción: renunciar a invertir los ingresos disponibles y, al hacerlo, ignorar cualquier sufrimiento que pueda causar a su futuro. La gente se da cuenta de las consecuencias de no ahorrar cuando se puede; casi todos los empresarios y asesores financieros dejan bien claro el estado de la cuestión. No obstante, y como es lógico, la aplicación del análisis racional no resuelve el problema, ya que no siempre es lo suficientemente fuerte como para ayudar a la mayoría de la gente a evitar la tentación del placer en el momento.

Jeremy, experto en realidad virtual, y el psicólogo Hal pensaron que una forma de ayudar a resolver este dilema podría ser ayudar a la gente a empatizar más fácilmente con su yo futuro. La idea subyacente era bastante sencilla: sentir más compasión por el futuro debería facilitar la resistencia a las decisiones económicas que podrían dejar a esa persona en la estacada. El problema, por supuesto, es exactamente cómo aumentar esa compasión. El futuro tú es, después de todo, un extraño. Nunca has conocido a esta persona cara a cara, y en condiciones normales nunca lo harías. Pero la solución que Jeremy y Hal idearon no era precisamente normal.

Utilizando un programa informático de modelado facial, el equipo construyó modelos tridimensionales del aspecto que tendrían sus participantes, la mayoría de los cuales tenían unos veinte años, a los setenta. A continuación, hicieron que los participantes se pusieran unos auriculares de realidad virtual y entraran en una sala para ser entrevistados por un investigador virtual. Cuando se sentaban para ser entrevistados, veían un espejo en la pared justo enfrente de ellos, y en ese espejo se reflejaba su cara actual o la versión envejecida.

Así, cuando el entrevistador les hacía preguntas sobre sus objetivos en la vida, podían verse a sí mismos respondiendo como veinteañeros o como personas mayores.

Tras la fase de entrevista virtual, los participantes respondieron a preguntas sobre lo que harían si de repente les dieran 1.000 dólares. ¿Lo utilizarían para comprar algo bonito, lo ingresarían en su cuenta corriente, planearían una ocasión divertida y extravagante o lo invertirían en un fondo de jubilación? Los que acababan de ver a su yo futuro, y por tanto habían establecido un vínculo más estrecho con él, decidieron destinar más del doble de los 1.000 dólares a sus ahorros para la jubilación, en comparación con los que no lo habían hecho (172 dólares frente a 80).

¡Es un efecto enorme! Cuando los investigadores realizaron el experimento por segunda vez, utilizando una tarea de descuento temporal similar a la que yo he utilizado, volvieron a descubrir que las personas a las que se ayudó mediante la realidad virtual a visualizar y empatizar con su yo futuro mostraron un mayor autocontrol en forma de una tasa de descuento más baja: valoraban las recompensas futuras más que sus compañeros.

Para demostrar que lo que realmente impulsaba la voluntad de sacrificio en el momento era el cuidado y la compasión por el yo futuro, Jeremy y Hal introdujeron una modificación adicional en su experimento. Cuando lo llevaron a cabo por tercera vez, permitieron a las personas asignar más o menos dinero a sus fondos de jubilación en función de lo felices o infelices que les hiciera su yo presente o futuro. Para aclarar estas consecuencias, las personas podían ver las imágenes computarizadas de la cara de su yo presente o futuro -sólo veían una u otra- cambiar mientras consideraban qué hacer con el dinero que tenían en la mano. Como se puede imaginar, las caras de los futuros pasaron de parecer tristes a parecer felices a medida que la gente dirigía cantidades crecientes de dinero hacia la jubilación; las imágenes de sus yos presentes se comportaron de forma opuesta. También en este caso, los que podían ver las expresiones emocionales de sus yos futuros decidieron ahorrar más para la jubilación que los que sólo veían sus yos presentes, precisamente porque ahora era más fácil sentir compasión por lo que hasta entonces sólo había sido una abstracción.

La realidad virtual permitía visualizar la angustia que podría sentir un futuro yo de la misma manera que aparecería en el rostro de una persona real.

La compasión, y no la planificación racional o la fuerza de voluntad, duplicó la tasa de ahorro. Produjo un autocontrol sin esfuerzo donde antes gobernaba principalmente el yo. Esto puede parecer algo sorprendente, pero tiene mucho sentido para las personas que, en muchos sentidos, son los maestros mundiales de la gratificación retardada: Los monjes budistas.

LA MORAL DE LA MEDITACIÓN

. . .

Si quieres entender algo de verdad, a menudo vale la pena ir a la cima. En virtud de su experiencia, las personas que se encuentran en la cúspide de un campo suelen tener una perspectiva amplia, autorizada e incluso esotérica de cómo funcionan las cosas. Lo han visto todo antes, han estado en las trincheras y han salido con una sabiduría que pocos han alcanzado. Por eso, en lo que respecta al autocontrol, los monjes budistas, que se benefician a diario de milenios de enseñanzas y reflexiones sobre los peligros de ceder al ansia y a las tentaciones egoístas, tienen mucho que decir.

En el budismo, la palabra *tanha,* que se traduce aproximadamente como ansia o deseo, se refiere explícitamente a un motivo para captar y mantener experiencias placenteras o, por el contrario, para evitar las dolorosas o desagradables. En esencia, *tanha* es un anhelo de disfrute en el aquí y ahora, sin importar las consecuencias futuras. *El tanha* también se identifica como la causa principal de lo que los budistas denominan *dukkha:* sufrimiento, ansiedad e infelicidad general. Para los seguidores de esta fe, los deseos egocéntricos de placer son una forma de ignorancia que se interpone en el camino del bienestar y del objetivo final de la iluminación. Las acciones desinteresadas, que incluyen la mejora de la propia ética y la ayuda a los demás, generan puntos de karma. Y esos puntos, según las creencias budistas, permiten que las sucesivas reencarnaciones de una persona se acerquen a la liberación final. Eso sí que es un marco intertemporal, si es que alguna vez lo hubo.

El hecho de que usted acepte o no los aspectos religiosos de las enseñanzas budistas no es relevante para nuestro propósito. Lo que sí es relevante es que, a lo largo de miles de años, los eruditos budistas han construido su propia comprensión del funcionamiento de la mente, una comprensión que tiene muchos paralelismos con los secretos que están desvelando las ciencias modernas de la psicología y la neurología. Si combinamos esto con el énfasis especial que los maestros budistas han puesto en el desarrollo de técnicas de meditación para aplastar los deseos dañinos, está claro que podrían ofrecer algunas ideas profundas sobre el autocontrol y la perseverancia.

En 2015 tuve la suerte de mantener varias conversaciones con el maestro budista de renombre internacional Trungram en las que abordé este tema. Trungram ocupa una posición única en el mundo budista. No solo es reconocido como uno de los más altos *tulkus* (maestros reencarnados) de la escuela Kagyu del budismo tibetano, sino que también es el primer lama tibetano en completar un doctorado en Harvard. Como tal, está a caballo entre Oriente y Occidente de una manera que pocos pueden.

. . .

Cuando le pregunté a Trungram sobre el autocontrol y cómo evitar las tentaciones, nuestra conversación derivó naturalmente hacia la meditación. Esperaba que habláramos de ella como una herramienta para aumentar la concentración y, por tanto, la fuerza de voluntad. Por si no lo has notado, el mindfulness está de moda. Una rápida lectura de los artículos del *New York Times*, del *Atlantic* y de otros medios de comunicación populares proporciona una amplia evidencia de que la meditación conduce a todo tipo de grandes resultados cognitivos. Aumentará tus resultados en los exámenes estandarizados, mejorará tu creatividad e incluso te hará más productivo en el trabajo. En resumen, se promociona como una especie de "supercargador" para la mente. Estas afirmaciones están justificadas porque gran parte del entrenamiento de la meditación se centra en aprender a dominar la atención, la fluidez del pensamiento y la concentración, todo lo cual está estrechamente relacionado con la función ejecutiva.

Y puesto que estas capacidades cognitivas pueden utilizarse para el autocontrol, la idea de que la meditación disminuye los antojos y aumenta el éxito parece lógica. Así que imaginen mi feliz sorpresa cuando Trungram me dijo que todos los beneficios cognitivos de la meditación -mejor concentración, mejor memoria, etc.- se consideraban tradicionalmente secundarios con respecto a su verdadero propósito: el desarrollo de una compasión profunda y duradera. Todo el entrenamiento cognitivo es simplemente un medio para alcanzar un fin, y es ese fin - un sentimiento de gran compasión por todos los seres- lo que, en última instancia, hace que el autocontrol y las virtudes relacionadas sean más automáticos.

El papel central que desempeña la compasión es a menudo ignorado, gracias a un accidente histórico. Los primeros científicos que comenzaron a estudiar la meditación eran principalmente neurocientíficos y personas interesadas en la cognición y la memoria. Las preguntas que se hacían sobre la meditación estaban guiadas por sus propios intereses: ¿Qué hace por y para el cerebro? El resultado fue una década de hallazgos que demuestran que la meditación mejora las habilidades cognitivas. Pero si lo pensamos desde un punto de vista histórico, los objetivos de los primeros maestros de meditación, como el Buda Gautama, no eran mejorar los resultados de los exámenes o la memoria. Al contrario, se centraban en fomentar las decisiones éticas y el comportamiento compasivo, o como dicen los budistas, en acabar con el sufrimiento.

Pero como estos fenómenos eran de naturaleza inherentemente social, fueron ignorados cuando los neurocientíficos se centraron en lo que la meditación podía hacer para mejorar la capacidad de procesamiento de información del cerebro. Este era un vacío que yo quería llenar. Si la meditación, la compasión y el autocontrol estaban realmente vinculados, como postula la filosofía budista, primero teníamos que encontrar alguna prueba, y eso requería estudiar los efectos de la meditación de una forma totalmente nueva.

El primer paso en la mayoría de las investigaciones científicas sobre la meditación es reclutar a personas que no sean budistas y que no hayan practicado previamente la meditación. Para ello, pusimos anuncios en Boston y sus alrededores invitando a la gente a participar en un estudio de meditación de ocho semanas por el que se les pagaría. El único requisito era que fueran verdaderos novatos; no podían haber tenido ninguna formación previa. Una vez que tuvimos una lista de voluntarios, asignamos al azar a la mitad para que completaran ocho semanas de formación en meditación.

Como también necesitábamos un grupo de comparación, dijimos a los voluntarios restantes que estaban en lista de espera.

Para asegurarnos de que la formación era auténtica, contamos con la ayuda de la maestra Lama Willa Miller, que se reunía regularmente con los participantes para ofrecerles instrucción y orientación en la práctica de la meditación.

Y para asegurarse de que la gente seguía practicando correctamente cuando no estaba en su clase, Miller también les dio grabaciones de audio que creó para usar en casa.

Ahora teníamos dos grupos de personas que estaban igualmente interesadas en la meditación, pero sólo uno de ellos contenía personas que realmente tenían algún grado de entrenamiento auténtico. Este es el punto en el que la mayoría de los científicos servirían una prueba de memoria o atención para sus participantes, o escanearían sus cerebros en busca de cambios en la densidad de la materia blanca.

Nosotros no, aunque eso no es exactamente lo que les dijimos a nuestros participantes. Ellos creían que al final de las ocho semanas vendrían al laboratorio para que se evaluaran sus habilidades cognitivas. No sabían que el verdadero experimento comenzaría en la sala de espera.

. . .

Si queríamos examinar los efectos de la meditación sobre la compasión y el autocontrol, teníamos que hacerlo en un entorno bastante normal.

Uno que, a diferencia de la mayoría de los tubos de resonancia magnética, tuviera más de una persona real en su interior. En resumen, necesitábamos diseñar un reto que ofreciera a las personas la oportunidad de mantener una leve comodidad o de renunciar a ella para beneficiar a alguien con dolor. Después de considerar muchas opciones, aterrizamos en una situación que era tan familiar en su dinámica como teóricamente elegante en su poder explicativo. Cuando nuestros participantes llegaron a la sala de espera del laboratorio, vieron tres sillas.

Las dos primeras estaban ocupadas por actores que trabajaban para nosotros. Así que, como era de esperar, cada participante (ya que estaba previsto que acudieran al laboratorio de uno en uno) se sentaba en la silla restante a la espera de ser llamado al laboratorio para realizar las pruebas. Al cabo de unos minutos, la relativa tranquilidad de la sala de espera se vio interrumpida por la puerta de un ascensor que se abrió en el extremo opuesto del pasillo.

Salió una mujer joven con muletas que llevaba el pie en una bota ortopédica. La mujer, que también trabajaba para nosotros, avanzó cojeando por el pasillo, haciendo una pequeña mueca de dolor a cada paso, hasta que entró en la sala de espera, donde, algo abatida, se apoyó en la pared con un poco de quejido, ya que todas las sillas estaban ocupadas.

¿Qué harían los participantes? Si querían actuar con nobleza, la respuesta era clara: ofrecerle su silla. Pero eso significaba sacrificar su propia comodidad inmediata para ayudar a otro y, por tanto, requeriría cierto grado de autocontrol.

Esto puede parecer una exageración por mi parte, ya que muchas personas podrían predecir (y lo hicieron cuando les preguntamos) que una sólida mayoría de las personas colocadas en esta posición habrían ofrecido de buen grado su silla. Sin embargo, resultó que sólo el 16% de las personas "normales" de nuestro experimento -y por normales me refiero a las que no habían meditado durante las ocho semanas anteriores- sugirieron que la mujer que sufría el dolor ocupara su asiento.

El hallazgo fue desalentador, y lamentablemente no fue una casualidad. Hicimos el experimento una segunda vez y obtuvimos resultados similares. A decir verdad, estábamos jugando un poco con la baraja. Las otras personas que estaban sentadas en la sala cuando llegó un participante -los actores que no ofrecieron sus sillas- habían recibido instrucciones de nuestra parte de ignorar a la mujer con muletas.

Tenían que leer un libro o pulgar sus teléfonos mientras ella entraba, aparentando no prestarle atención.

Sin embargo, los suspiros y otros sonidos similares de incomodidad que emitía eran lo suficientemente audibles como para que todos los participantes los oyeran, lo que significaba que esos otros fingían deliberadamente ignorar la situación de la mujer herida. Esa era la cuestión. Este tipo de indiferencia masiva está especialmente pensada para reducir la motivación de la gente para ayudar. Si nadie más se molesta en ayudar a alguien que lo necesita, ¿por qué deberías hacerlo tú? Es un fenómeno pernicioso conocido como el efecto espectador, y permite a la gente permanecer pasiva mientras todo tipo de sufrimiento ocurre justo delante de ellos. En nuestros experimentos funcionó demasiado bien.

Sin embargo, cuando examinamos a los meditadores, surgió una historia muy diferente. Después de sólo ocho semanas de práctica de mindfulness, el porcentaje de personas que sintieron compasión y sacrificaron su propia comodidad para ayudar a la mujer que sufría se triplicó con creces, llegando al 50%. Se trata de una gran diferencia, que nosotros y otros hemos podido replicar utilizando medidas relacionadas con el comportamiento compasivo. Cuando se consideran en conjunto, estos resultados muestran cómo la meditación refuerza el autocontrol a través de la compasión.

Dejan claro, en esencia, que Trungram tenía razón. Como señalé al principio de este libro, la gente suele necesitar autocontrol para actuar con amabilidad y generosidad.

Ya sea que ese autocontrol esté dirigido a sacrificar para ayudar a otros o a su propio futuro, necesitan un empujón para renunciar a su comodidad inmediata y así aumentar la probabilidad de que se beneficien de un favor devuelto o de un mejor resultado más adelante. Y si bien es cierto que podemos recordarnos a diario que debemos ser amables y ejercer la fuerza de voluntad necesaria para comportarnos en consecuencia, la práctica de la atención plena -una vía por la que la compasión empieza a surgir de forma automática y continua- ofrece un camino mejor.

CEREBRO DE BUDDHA

. . .

Para maestros budistas como Trungram, los resultados de estos experimentos no eran nada nuevo. Han visto crecer la compasión con la práctica de la meditación una y otra vez, y en grados mucho mayores que los que mi equipo pudo demostrar en dos meses. Pero para mí, los hallazgos transformaron un artículo de fe en un hecho científico, y al hacerlo me dieron un respeto aún mayor por los conocimientos que los maestros de meditación tienen que ofrecer sobre el funcionamiento de la mente humana. La verdad es que me sigue sorprendiendo el paralelismo que existe entre algunos puntos de vista budistas y los argumentos que yo exponía basados en la ciencia psicológica moderna. Por ejemplo, al pensar en un monje budista, la gente suele imaginarse a una persona que se parece *al malo de* las películas: lógico pero sin emociones.

Es decir, esperamos que el dominio de los antojos de un monje provenga de la negación de su vida emocional. Si pueden controlar sus emociones, no tienen que sentirlas. Y si no las sienten, no serán tentados por el deseo. En realidad, sin embargo, este punto de vista capta sólo la mitad del cuadro.

Cuando los monjes comienzan su formación, hacen votos. Juran abstenerse de mentir, consumir alcohol, robar, dañar a otros y tener una conducta sexual inapropiada. En esencia, se comprometen a evitar comportamientos que ofrecen un placer inmediato pero una ruina futura. Al principio de su práctica, mantener estos votos suele ser difícil. Al igual que el estudiante moderno que trata de estudiar para un examen o el jugador que intenta resistirse a sacar su tarjeta del cajero automático, los monjes intentan confiar en la fuerza de voluntad y el razonamiento motivado para tener éxito.

Por ejemplo, los monjes novatos pueden abstenerse de beber no porque realmente no quieran hacerlo -probablemente sí-, sino porque desean el respeto de sus superiores. Quieren que sus profesores y compañeros los vean como un éxito, así que se esfuerzan mucho por no caer en la tentación. Pero el resultado es un fracaso frecuente. A veces la fuerza de voluntad se desmorona. Otras veces, si creen que pueden salirse con la suya sin que nadie se entere, se tomarán una bebida embriagadora.

Al igual que los participantes en mis experimentos sobre el engaño, los monjes pueden convencerse a sí mismos de que está bien romper las reglas y, por lo tanto, no aprender de sus errores. El autocontrol, en esta etapa, tiende a ser inestable.

Sin embargo, a medida que el entrenamiento progresa, los monjes dedican más tiempo a prácticas de meditación selectas, uno de cuyos objetivos es agudizar su conciencia y, por tanto, ganar control sobre sus emociones. La vida diaria de muchos de nosotros consiste en un flujo constante de sentimientos cambiantes. Un minuto nos sentimos felices mientras compartimos donuts con un compañero de trabajo; al siguiente estamos enfadados por un desprecio de un jefe; al siguiente, estamos nerviosos porque podemos llegar tarde a una reunión, y luego simpatizamos con (y quizás incluso nos repugna un poco) una persona sin hogar con la que nos cruzamos de camino a la comida. Como es lógico, estas emociones vacilantes actualizan y alteran constantemente los cálculos de nuestra mente sobre qué decidir y cómo actuar. Si te sientes enfadado, es más probable que arremetas contra alguien. Si te sientes disgustado, es más probable que lo evites. Esta realidad llevó a los maestros budistas a darse cuenta de que un primer paso para superar la tentación es ejercer cierto control sobre los cálculos de la mente. Dejar que las emociones aparentemente aleatorias las alteren a su antojo, aunque sea potencialmente adaptable en el momento, no garantiza el progreso hacia el éxito a largo plazo.

Por eso, como parte de la práctica de la meditación, los monjes aprenden a filtrar lo que atienden y cómo perciben las cosas. Al hacerlo, adquieren gradualmente la capacidad de reducir las emociones turbulentas evocadas por su entorno.

• • •

Estos pasos iniciales sí se ajustan a lo que la mayoría de la gente espera de la vida emocional de un monje: el apaciguamiento y el control de los sentimientos. También coinciden con la perspectiva actual sobre cómo lograr el autocontrol: utilizar mecanismos cognitivos para dejar pasar las emociones y reducir así su impacto en la mente. Pero la historia no termina ahí. Para los budistas, las emociones no son inherentemente buenas o malas; son una forma de energía mental. Y como cualquier fuerza poderosa, pueden ser constructivas o destructivas dependiendo de cómo se aprovechen. Las fases posteriores del entrenamiento meditativo implican un reavivamiento de las emociones. Pero se trata de un despertar en el que uno ya no es esclavo de sus sentimientos, sino que los domina. Los pasos iniciales que implican aprender a acallar y controlar los sentimientos dan paso a otros posteriores centrados en la transformación de las emociones. Aquí los monjes aprenden a utilizar los sentimientos como herramientas para alcanzar sus objetivos, siendo la compasión una fuerza primordial.

Esta compasión altera fundamentalmente el funcionamiento del autocontrol.

• • •

Donde antes los monjes tenían que confiar en la tenue fuerza de voluntad y el análisis racional para mantener sus votos, ahora los antojos que los tentaban parecen desaparecer. La compasión, al igual que la gratitud, disminuye el valor que concedemos a los objetos y acontecimientos que ofrecen una gratificación inmediata y, por lo tanto, facilita la perseverancia en formas que den frutos en el futuro. Para los monjes budistas, el objetivo último es el fin del sufrimiento de todas las criaturas. Como se recordará, la persecución de este objetivo ha llevado a algunos a realizar acciones de gran abnegación, incluso de sus propias vidas mediante la autoinmolación cuando creían que esta acción podía poner fin a la violencia contra otros. El propio Trungram lo dejó todo para pasar meses organizando y participando en difíciles misiones de ayuda en Nepal tras los devastadores terremotos de 2015. Si eso no es verdadera valentía, no estoy seguro de lo que es.

Debo repetir aquí que mi objetivo al discutir los puntos de vista budistas sobre la compasión y el autocontrol no es convertir a la gente a esa religión. Tampoco estoy diciendo que el objetivo a largo plazo de todo el mundo deba ser el fin de todo el sufrimiento. Lo que digo es que las ideas que ofrece una tradición que ha estudiado el autocontrol durante miles de años deberían tomarse en serio, sobre todo cuando empiezan a encajar con recientes descubrimientos científicos, como la noción budista de que la mejor manera de mejorar el autocontrol no es sofocar las emociones, sino utilizar otras como la compasión para fomentarlas.

Aun así, a pesar de todos los paralelismos de estos dos enfoques, todavía no hemos visto pruebas firmes de que fueran los sentimientos de compasión los que impulsaran el autocontrol. Sí, hemos visto que la meditación aumenta la compasión y el autocontrol, pero es posible que, a pesar de la teología budista, haya algo más en la meditación -algo además de la compasión- que esté funcionando para mejorar el autocontrol. Después de todo, la meditación beneficia tanto a los mecanismos cognitivos como a los emocionales. Permítanme ofrecer un ejemplo que demuestra que la compasión -por sí misma e independientemente de su origen- potencia el autocontrol cuando es necesario.

LA PAZ SEA CONTIGO

Hasta ahora, he tendido a centrarme en los aspectos del autocontrol relacionados con el rendimiento y las habilidades: perseverar ante las dificultades, trabajar o estudiar muchas horas, ahorrar dinero para el futuro, y cosas por el estilo. Pero hay otra área en la que el autocontrol es primordial: la agresión. Cuando la hostilidad es inminente, es probable que escuches a la gente instar a los demás a "calmarse" o a "controlarse". En pocas palabras, están advirtiendo a la gente que contenga su ira para que no se arrepienta. Las agresiones de cualquier tipo pueden dejar cicatrices duraderas.

Aunque en el momento se puede sentir muy bien, incluso con poder, dominar o castigar a alguien, hacerlo repetidamente lleva a consecuencias adversas.

Sin embargo, la ira y la agresividad deben servir para algo, teniendo en cuenta la frecuencia con la que las vemos. Y la verdad es que lo hacen. La intimidación y la violencia pueden ser una forma eficaz de conseguir objetivos, especialmente a corto plazo.

A veces el combate o la fuerza bruta es un mal necesario. Sin la capacidad de contraatacar cuando lo que está en juego es la supervivencia, estaríamos en desventaja frente a otros que nos amenazan.

Por ello, los humanos, como muchos otros animales, venimos equipados con la capacidad de agredir para conseguir nuestros objetivos. Por desgracia, los casos en los que algunos están dispuestos a utilizar la agresión no siempre son apropiados y, como veremos pronto, la agresión habitual y el comportamiento antisocial son una receta para el desastre a largo plazo.

Aunque existen varias teorías modernas sobre la agresión, la mayoría de las cuales coinciden en algunos hechos básicos, el modelo I3 desarrollado psicólogos de la Universidad de Northwestern, ofrece la explicación más autorizada y eficaz. El nombre I3 proviene de las tres facetas, o fases, de una respuesta agresiva: instigación, impulsión e inhibición. La instigación se refiere a la fase de desencadenamiento. Tiene que haber algo en una situación determinada -un insulto, una frustración, una lesión- que haga que alguien se sienta enfadado. Nadie es constantemente agresivo; algo tiene que desencadenar. Por supuesto, el desencadenante que pone en marcha la agresión no tiene por qué estar relacionado con el objetivo final. La gente puede, y a menudo lo hace, descargar sus frustraciones en terceras personas que están "más seguras" y, por lo tanto, son menos propensas a contraatacar. Por ejemplo, cuando se está molesto con el jefe, la gente a menudo se mete con un subordinado, pagándolo de una manera malvada.

Sin embargo, no todo el mundo reacciona de la misma manera ante un posible desencadenante. Tampoco el mismo desencadenante hace que la misma persona sea siempre agresiva. Una de las razones tiene que ver con la idea de impulsión: alguna fuerza debe empujar a una persona hacia un comportamiento hostil. Al igual que los desencadenantes, las fuerzas impulsoras son de muchos tipos, desde las biológicas, como el aumento de los niveles de testosterona, hasta las situacionales, como el dolor físico o la exposición a medios de comunicación violentos.

Dependiendo de la combinación de factores, las probabilidades de que cualquiera de nosotros actúe de forma que llegue a arrepentirse pueden aumentar o disminuir. Pero es la tercera y última fase del modelo en la que quiero centrarme aquí: la fase en la que se pueden aplicar los frenos. En esta fase de inhibición, nuestra mente tiene una última oportunidad para evitar que los impulsos agresivos determinen lo que hacemos. Uno de los principales frenos es, por supuesto, la función ejecutiva. Sin embargo, si la capacidad de frenar la agresión a través de la fuerza de voluntad disminuye, ya sea por el alcohol, la fatiga o incluso por un razonamiento sesgado que intenta justificar un acto violento, las compuertas permanecen abiertas, dejando que la hostilidad desencadenada fluya sin obstáculos.

Aunque hay muchos ejemplos de laboratorio de este fenómeno -por ejemplo, las personas con lóbulos frontales deteriorados (donde reside la función ejecutiva) dan descargas eléctricas más fuertes a quienes las provocan-, una de mis pruebas favoritas proviene del examen que hace Finkel de un vasto conjunto de datos recogidos sobre los estadounidenses entre febrero de 2001 y abril de 2003. Investigadores de la Universidad de Michigan realizaron entrevistas cara a cara con miles de personas en todo Estados Unidos, recogiendo, entre otros muchos datos, información sobre la frecuencia de la violencia cometida hacia las parejas íntimas (por ejemplo, empujones, bofetadas, amenazas), tendencias a tener una personalidad explosiva y sentimientos crónicos de estar mentalmente agotado o "desgastado" (lo que se traduce en una menor capacidad de función ejecutiva).

Como era de esperar, los resultados mostraron que una personalidad explosiva predecía un aumento de la violencia hacia la pareja. Pero también lo hicieron los sentimientos de agotamiento mental. Es más, este efecto se mantuvo incluso cuando se tuvieron en cuenta factores como la sensación de estrés, la depresión y otros similares, lo que indica que la incapacidad de ejercer la función ejecutiva era un predictor directo de la violencia. Sin embargo, los efectos más tóxicos para la agresividad procedían de una combinación de disposición y reducción de la función ejecutiva: personas volátiles y sin autocontrol. Cuando las compuertas se abrían para estas personas, se desataba una oleada de hostilidad.

. . .

Estos y otros muchos hallazgos muestran que cuando algo en el entorno de uno desencadena un impulso agresivo, cualquier persona cuya función ejecutiva esté inhibida por cualquier motivo puede actuar de forma poco ética y destructiva para sus objetivos futuros y su felicidad. Y para los exaltados de entre nosotros, el problema se magnifica.

Aquí también podemos ver el potencial de fracaso de las estrategias cognitivas, lo que plantea la cuestión de si, como en el caso de la gratitud, una estrategia basada en las emociones podría resultar más fiable para frenar un comportamiento potencialmente dañino. Una estrategia de este tipo implicaría no reprimir las emociones destructivas, sino sustituirlas, o como dirían los budistas, transformarlas en virtuosas.

Cuando mi colega Paul y yo decidimos examinar esta cuestión, nos dimos cuenta de que primero teníamos que resolver un problema: necesitábamos una forma de hacer que la gente se enfadara en el contexto de nuestro laboratorio. Dicho de otro modo, necesitábamos un acontecimiento instigador. Resultó que no era muy difícil encontrar un método.

. . .

Francesca, profesora de la Escuela de Negocios de Harvard, junto con el economista conductual Dan, habían desarrollado una treta que inducía a la gente a hacer trampas.

El procedimiento consistía en poner a la gente en una sala y decirles que tenían cinco minutos para completar una serie de problemas matemáticos fáciles. Cuantos más problemas resolvieran, más dinero obtendrían. Suena bastante sencillo, pero Francesca y Dan no estaban contando a sus participantes toda la historia. Una de las personas de la sala era un actor cuyo papel era hacer trampas. Después de unos minutos en los que todos parecían estar trabajando, se levantaba y anunciaba que había completado todos los problemas, un logro que todos sabían que era claramente imposible dado el tiempo disponible. Pero como las instrucciones eran que la gente dejara sus hojas de trabajo anónimas en una caja de reciclaje antes de coger el dinero correspondiente al número de problemas que habían completado, el actor podía coger su dinero no ganado sin miedo a que su traición fuera desenmascarada.

En teoría, sería imposible que alguien confirmara exactamente cuántos problemas había terminado.

. . .

Por supuesto, Francesca y Dan no dijeron a los participantes que la hoja de trabajo de cada persona estaba marcada con un código secreto que luego permitía comparar el verdadero número de problemas completados con el número reportado, por el cual los participantes se pagaban a sí mismos.

Como preveían, el simple hecho de presenciar a alguien haciendo trampas en la tarea aumentaba la probabilidad de que otros siguieran su ejemplo. Después de todo, ¿por qué no? Si hacer trampas permitía a ese tipo llevarse más dinero, entonces hacer trampas de la misma manera debería funcionar también para cualquier otro. Una vez más vemos que la lógica y la razón no siempre conducen a un mejor autocontrol.

En nuestro caso, no necesitábamos que la gente hiciera trampas, sino que agrediera. Así que aprovechamos el deseo humano básico de castigar a los transgresores haciendo dos pequeños ajustes en la configuración. En primer lugar, lo amañamos para que nuestros participantes tuvieran que informar de cuántos problemas habían terminado antes de ver al actor hacer trampas. Por término medio, la gente completaba unos cinco de los veinte problemas.

· · ·

Y como nadie había hecho trampas todavía, y sus compañeros podían observar su comportamiento, la gente tendía a ser bastante honesta a la hora de informar de su éxito con precisión. Justo antes de que llegara el momento de que la última persona -el actor- dijera al experimentador cuántos problemas había completado, el experimentador, a propósito, salió brevemente de la sala para conseguir más dinero.

En cuanto se marchó, el actor se levantó y colocó sus hojas de trabajo en una trituradora -que utilizamos en lugar de una caja de reciclaje para asegurarnos de que no hubiera ningún rastro de papel- y luego esperó a que volviera el experimentador. Cuando lo hizo, el actor informó con suficiencia de que había terminado los veinte problemas y, como quería ahorrarle tiempo al experimentador, ya había colocado sus hojas de trabajo en la trituradora. Anteriormente había visto al experimentador decir a los otros participantes que colocaran sus hojas de trabajo en la trituradora después de informar de sus puntuaciones, por lo que esta declaración era creíble. Todo el mundo, incluido el experimentador, que parecía un poco aturdido, sabía que terminar los veinte problemas era casi imposible. Sin embargo, sin pruebas de que el actor estaba mintiendo -las pruebas fueron destruidas-, el experimentador no tuvo más remedio que dejar que se llevara el dinero no ganado. Y dado que el actor fue el último de la sala en comunicar sus resultados, ya era demasiado tarde para que los participantes habituales hicieran lo mismo. Todo lo que podían hacer era quejarse.

Sin embargo, antes de que todo el mundo se fuera, había una tarea más que completar: una que supuestamente tenía que ver con la percepción del gusto. Nuestros participantes tuvieron la oportunidad de preparar muestras de sabor para los demás. Era una tarea sencilla: verter líquido de una botella en un pequeño vaso de muestra. Lo que se vertía en ese vaso se colocaba, en su totalidad, en la boca de otro participante en orden, que lo calificaba como prueba de agudeza gustativa. Por diseño, todos los participantes pensaron que habían sido seleccionados para preparar la muestra de sabor para el tipo que acababa de hacer trampa y con el que, comprensiblemente, estaban bastante enfadados. Y por suerte (bueno, en realidad no hubo ninguna suerte), el líquido que debían verter en el vaso de la muestra serviría para evaluar la percepción del picante del actor. Delante de ellos había una botella de salsa picante de aspecto perverso con la correspondiente etiqueta de advertencia sobre su alto nivel de Scoville, o calor.

Con esta artimaña, acabábamos de ofrecer a nuestros participantes una vía de agresión. Sabían que ingerir la salsa picante sería bastante doloroso y que cualquier cantidad que pusieran en el vaso de muestras sería introducida en la boca del tramposo en su totalidad. Era una ecuación diabólica: más salsa picante en el vaso de muestras equivale a más dolor para el tramposo. En condiciones normales -cuando la gente hace muestras para otras personas a las que no ha visto hacer trampas- se vierte con moderación. La cantidad media es de unos dos gramos.

Pero cuando se volcaron por el tramposo, lo cuadruplicaron.

Querían que el tipo sufriera. No hace falta decir que en realidad no le hicimos ingerirlo, pero nuestros participantes no lo sabían mientras vertían el dolor líquido.

En este punto teníamos nuestra ira y nuestra agresividad. Lo único que necesitábamos ahora era una forma de transformar esa ira en compasión. Aunque el entrenamiento contemplativo puede hacer que este proceso sea automático, esta vez queríamos evocar la compasión de una manera diferente. Así que decidimos utilizar un poco de prestidigitación realizando el experimento de nuevo, pero con un último giro. En esta versión había dos actores: el que engañaba como antes y uno nuevo, cuyo propósito era inducir la compasión en los demás.

. . .

Afortunadamente para nosotros, esta nueva confederada era una fantástica actriz. Mientras el primer actor hacía trampa, ella se puso subrepticiamente gotas de suero en los ojos mientras los verdaderos participantes estaban distraídos mirándolo. Entonces empezó a moquear. Y luego rompió en un suave llanto. En ese momento, el experimentador se acercaba a ella para preguntarle si estaba bien, momento en el que ella decía: "No. . . Me enteré hace unos días de que mi hermano tiene cáncer. Siento haberme derrumbado...

No voy a poder ir a su casa a verlo hasta este fin de semana, pero me está afectando mucho ahora". En ese momento, el experimentador la disculpó. Presenciar esta escena evocó sentimientos de simpatía y compasión en nuestros participantes, algo que pudimos comprobar objetivamente al medir sus respuestas emocionales. Tras esta breve interrupción, el experimento continuó como de costumbre, con la oportunidad de castigar al tramposo.

Lo que ocurrió fue bastante sorprendente. La gente seguía muy enfadada con el tipo que había hecho trampas -enfadada en el sentido de que creían que lo que había hecho estaba mal-, pero se abstuvieron de hacerle daño. La cantidad de salsa picante que vertían era indistinguible de la que se vertía cuando no hacía trampas. Simplemente, su agresividad había desaparecido. No se volvieron tímidos ni ambivalentes. Estaban más que dispuestos a condenar sus acciones y a expresar su deseo de que las corrigiera. Sólo que su deseo -su fuerza impulsora- de arremeter contra él había desaparecido. Como resultado, no tenían que confiar en el tenue poder de la función ejecutiva para anular un impulso agresivo. Una oleada de compasión, aunque estuviera dirigida a otra persona, fue suficiente para evitar una escalada de violencia, lo que redundó en beneficio del futuro.

Este punto de vista -que la reducción de la agresión benefició al futuro- merece un poco más de explicación.

Como he señalado antes, la agresión puede ser útil en ciertos casos, pero en situaciones en las que no es necesaria para la autoprotección inmediata, como ésta, no suele serlo.

En este caso, el engaño estaba hecho. ¿Qué propósito tendría la agresión? Aunque los seres humanos a veces se dedican a lo que se llama *castigo de terceros -castigar a* las personas que han hecho daño a otros para reforzar las normas sociales-, hacerlo a través de la agresión no siempre es la mejor estrategia. Por un lado, tiene el potencial de intensificar el conflicto.

Aunque hoy se sienta bien castigar a alguien, siempre existe la posibilidad de que esta decisión sea contraproducente mañana. Si el blanco de la hostilidad no reconoce y acepta el error de sus actos, puede producirse una espiral de actos agresivos cada vez más frecuentes.

Pero hay otra razón por la que la agresividad no beneficia al futuro, ni al nuestro ni al de nadie. Un trabajo de la Universidad de Harvard demuestra que adoptar un carácter agresivo y castigador no sólo limita el éxito de las personas a largo plazo, sino también el de los grupos a los que pertenecen. Nowak y sus colegas llevaron a cabo una serie de experimentos en los que las personas jugaban varias rondas de un juego de ordenador en el que se emparejaban al azar con otras personas. Eso significaba que, con el tiempo, entrarían en contacto con otras personas concretas más de una vez. En cada ronda del juego, las personas podían elegir entre cooperar, hacer trampas o castigar a su compañero.

Cooperar significaba sacrificar algo de dinero inicial a cambio de un pago mayor en el futuro si el compañero también cooperaba. Por ejemplo, cada jugador ponía 1 dólar en el bote, y si ambos elegían cooperar, cada uno recuperaba 2 dólares. Hacer trampa significaba no contribuir al pozo o, en esencia, tomar 1 dólar a expensas de su compañero. Por lo tanto, si ambos hacían trampa, no habría ganancias. Por último, castigar significaba elegir pagar 1$ para que le quitaran 4$ a tu compañero si hacía trampa.

Tras observar cientos de rondas del juego, el equipo de Nowak descubrió que, aunque los castigos agresivos por malas acciones pasadas podían aumentar la cooperación, los mejores resultados (es decir, la mayor cantidad de dinero), tanto para los individuos como para sus grupos, se producían en ausencia de tales actos agresivos. Aquí vemos de nuevo que la estrategia que conduce al éxito depende del horizonte temporal que estemos considerando. A corto plazo, la agresión puede obligar a la gente a cambiar su forma de actuar y a ser justa o a cooperar, pero también se encona, provocando nuevos ciclos de violencia que disminuyen el éxito de todos con el tiempo. Utilizar el autocontrol para abstenerse de un comportamiento hostil hace lo contrario. Las personas y los grupos que tuvieron más éxito a lo largo del tiempo no agredieron.

Los ganadores no castigaron y, como resultado, promediaron el doble de ganancias que los que lo hicieron regularmente. Ahora bien, es importante darse cuenta de que esto no significa que los ganadores fueran unos pringados. Pueden y deben seguir reforzando el comportamiento ético de los demás a través de medios no violentos, pero la capacidad de actuar con autocontrol -no agredir a los demás sino desear ayudarles a aprender el error de sus actos- es la que más beneficios reporta con el tiempo.

Para cerrar el círculo que inicié aquí con la influencia de la meditación en la compasión, es útil señalar que la meditación aumenta la compasión no sólo hacia los extraños, sino incluso hacia personas que normalmente evocarían la agresión. En algunos de nuestros trabajos más recientes, las personas que habían completado varias semanas de práctica de meditación eran significativamente menos propensas a buscar venganza contra otros que les habían insultado. Y en apoyo del punto de vista que estoy defendiendo aquí, esta reducción de la agresión hacia los provocadores no se asoció con ninguna diferencia en la función ejecutiva -un factor que evaluamos como parte del estudio- sino que se derivó de un simple aumento de la compasión.

En descubrimientos como estos, podemos vislumbrar la convergencia de la virtud y la adaptación evolutiva que mencioné antes cuando se trata de la compasión y otras emociones orientadas a la sociedad.

No digo que la ciencia deba tratar de apoyar el dogma religioso, sino que algunos principios espirituales pueden basarse en una intuición de lo que es verdaderamente beneficioso para el florecimiento humano. En el caso de la compasión, creo que esto es especialmente cierto.

PERDONAR, OLVIDAR Y PROSPERAR

Si la compasión sólo nos ayudara a inhibir el mal trato a los demás, probablemente no le dedicaría mucho tiempo en este libro. Pero, al igual que la gratitud y el orgullo, no es así.

Lo que une a estas tres emociones es que su capacidad de hacer que estemos dispuestos a sacrificarnos para ayudar a los demás puede ser cooptada para ayudar a nuestro futuro yo.

Para muchos, enseñar la perseverancia -la capacidad de seguir trabajando duro para lograr un objetivo- significa "ser madres tigresas" para ellos mismos o para sus hijos.

Repiten críticamente los fracasos en un intento de que ellos mismos o los demás se esfuercen más la próxima vez. Pero nuestro trabajo sobre la compasión sugiere que puede haber otra forma de actuar: utilizar la compasión y reconocer los fracasos con un sentido de calidez y perdón.

Aunque muchos podrían pensar inicialmente que este enfoque sensible podría llevar a la complacencia y a la consiguiente reducción del esfuerzo, resulta que la ruta compasiva es el mejor camino a seguir. Sentir compasión no significa aceptar un mal rendimiento; no hace que las personas se cieguen al fracaso. Al contrario, cuando sentimos compasión, ya sea por nosotros mismos o por los demás, nos hace querer ayudarles a hacerlo mejor, a ser mejores, pero sin causarles ningún dolor adicional.

Recuerda que no es que las personas de mi experimento sobre el engaño y la compasión creyeran que el tramposo era ahora un buen tipo o que no debía alterar su comportamiento; es sólo que no querían hacerle cambiar su comportamiento mediante la agresión o la hostilidad. La compasión debería funcionar de la misma manera cuando se dirige a uno mismo. Debe reconocer el fracaso, al tiempo que motiva el deseo de sacrificar el disfrute en el momento para mejorar el futuro, pero sin castigar ni menospreciar a uno mismo.

. . .

Podemos ver este principio en acción a través de la investigación de las psicólogas de Berkeley Juliana y Serena.

El dúo reclutó a más de cien estudiantes para un estudio sobre el rendimiento en pruebas estandarizadas y los sentó a completar dos series de problemas tomados de la parte verbal del Graduate Record Examination (GRE).

Una vez que los estudiantes terminaron la primera serie, Juliana y Serena repartieron una clave de respuestas y permitieron a los participantes calificar su propio examen.

Como los problemas eran especialmente difíciles, la puntuación media fue sólo del 40%. Nadie estaba satisfecho con su resultado; todos querían hacerlo mejor en la siguiente ronda. A continuación, Juliana y Serena ofrecieron material de estudio a los alumnos para que quienes lo desearan pudieran utilizarlo para mejorar su rendimiento en la segunda tanda de problemas del GRE.

En este punto, justo antes de empezar a estudiar, entró en juego la compasión. Un tercio de los estudiantes recibió el mensaje de que era habitual que la gente tuviera dificultades en exámenes como el que acababan de hacer y que, por tanto, no debían ser demasiado duros consigo mismos.

Debían tratarse a sí mismos con compasión, no con críticas, en respuesta a su rendimiento en el examen anterior. A otro tercio se le dijo que no debía sentirse mal consigo mismo porque en realidad era inteligente, como lo demostraba el hecho de haber entrado en Berkeley. Y al último tercio no se le dijo nada en absoluto.

Los estudiantes a los que se animó a tratar su bajo rendimiento inicial con comprensión y perdón aumentaron posteriormente el tiempo que dedicaban al estudio en un 30%, en comparación con los estudiantes de los otros dos grupos. Y en este experimento, como en la vida, el tiempo adicional dedicado a estudiar fue un fuerte predictor del rendimiento en el siguiente examen. Tampoco se dio el caso de que la autocompasión llevara a los estudiantes a creer que tendrían un mejor rendimiento; sus predicciones de éxito en el segundo examen no fueron más altas que las de los estudiantes de los otros grupos. Más bien, los sentimientos de compasión les hacían estar más dispuestos a aceptar los costes del estudio en el momento con la esperanza de que las recompensas futuras merecieran la pena.

. . .

La compasión tiene efectos similares sobre la procrastinación. Un estudio en el que participaron más de doscientos estudiantes universitarios reveló un fuerte vínculo entre la compasión hacia uno mismo y el progreso hacia los objetivos académicos. Los estudiantes con niveles más bajos de autocompasión procrastinaban más y, como era de esperar, obtenían peores resultados académicos.

El aumento de la perseverancia debido a la autocompasión también se observa entre los deportistas. Aquellos que afirman con mayor regularidad perdonarse y empatizar con ellos mismos por los fallos, en lugar de criticarse, muestran una mayor iniciativa a la hora de practicar en el futuro. Un patrón similar se da incluso entre los no deportistas; aquellos que tienden a tratarse a sí mismos con compasión suelen mostrar una mayor motivación para hacer ejercicio.

De hecho, cuando se trata de adoptar casi cualquier comportamiento saludable, la historia es muy parecida. Por ejemplo, los fumadores que informan de niveles más altos de autocompasión tienen más éxito cuando intentan dejar de fumar. La compasión, nos demos cuenta conscientemente o no, nos empuja hacia muchos tipos de decisiones y comportamientos que nos ayudan en el futuro.

. . .

Al igual que con la gratitud, también es importante reconocer que la compasión puede curar el cuerpo. A diferencia del esfuerzo de la fuerza de voluntad, amortigua el cuerpo y la mente contra los estragos causados por el estrés y la ansiedad. Los síntomas iniciales del estrés -los que sentimos cuando nos encontramos repentinamente bajo presión- son bastante familiares: aceleración del ritmo cardíaco, sensación de constricción en el pecho, opresión en la voz y nudos en el estómago.

Todo ello está controlado en cierta medida por el nervio vago, que, cuando se activa, calma todos estos aspectos de la respuesta al estrés. Se puede pensar en el vago como un freno. Cuanto más se activa, más relajado se siente; ralentiza el corazón, relaja los músculos abdominales y afloja la laringe. Su actividad indica a tu cuerpo que el entorno es seguro y, por tanto, es uno en el que puedes concentrarte en lo que te interesa. No hay ninguna emergencia, lo que significa que tienes tiempo para ser creativo y perseguir objetivos más allá de la supervivencia inmediata.

Dada la función del vago, cualquier estado psicológico que aumente su actividad -o el tono vagal, como suele denominarse- debería proteger del estrés. Y el trabajo de la psicóloga de la Universidad de Toronto, Jennifer, sobre la compasión demuestra precisamente eso. Jennifer fue una de las primeras en demostrar una fuerte relación entre la compasión y el tono vagal. Cuando indujo a las personas a sentir compasión exponiéndolas a otras que necesitaban ayuda, la cantidad de compasión que sentían estaba directamente relacionada con la actividad vagal: los que sentían más compasión mostraban un tono vagal elevado.

Este vínculo entre la compasión y el tono vagal sugiere que las personas que cultivan regularmente esta emoción deberían experimentar cierta resistencia frente al estrés. Y de hecho, así parece ser. Una investigación llevada a cabo por psicólogos de la Universidad de Carolina del Norte descubrió que la tendencia a la autocompasión predecía fuertemente tanto una menor respuesta al estrés como una mayor sensación de bienestar. Cuando sometió a sus participantes a la prueba de estrés social de Trier -en la que las personas tienen que hacer una presentación frente a evaluadores con cara de piedra-, los que se perdonaban con más frecuencia los tropiezos percibidos y se autocriticaban menos experimentaron menos estrés, medido por sus respuestas cardíacas y hormonales durante la presentación. Por lo tanto, sentir compasión con regularidad sana el cuerpo al tiempo que permite a la mente esforzarse por alcanzar sus objetivos.

JUGANDO CON EL SISTEMA

. . .

Aunque los beneficios de la compasión son muchos, las formas de cultivarla no son obvias. A diferencia de la gratitud, no es tan sencillo como contar regularmente las bendiciones. La gente podría ver un documental sobre el sufrimiento en distintas partes del mundo, pero eso también provocaría probablemente sentimientos de depresión o tristeza. Además, la mayoría de nosotros se acostumbraría rápidamente a esas escenas.

Como mostré al principio de este capítulo, la meditación ofrece una ruta para aumentar la compasión. Pero es una ruta que se caracteriza por tener muchos baches potenciales. No todo el mundo tiene fácil acceso a un maestro experto, e incluso entre los que lo tienen, las restricciones de tiempo y las limitaciones financieras pueden hacer que sea un régimen de entrenamiento difícil de seguir. Por suerte, vivimos en una época en la que hay una forma fácil de afrontar estos retos: la tecnología móvil. El uso de una aplicación de meditación puede parecer una tontería al principio, pero resulta que si se elige la adecuada -una cuyos métodos hayan sido desarrollados por una persona con una formación considerable- se pueden obtener beneficios similares a los de la instrucción presencial.

Sin embargo, a pesar de todos sus beneficios, la meditación no es para todo el mundo.

Y, en realidad, no todo el mundo la necesita. Millones

de personas compasivas nunca han cerrado los ojos mientras se sientan con las piernas cruzadas en un cojín. Así que no debería sorprender que haya otras formas de animar a nuestras mentes a adoptar la compasión. Una de las más prometedoras funciona mediante un sencillo ejercicio: encontrar un vínculo -cualquier vínculo- con los demás.

Nos demos cuenta o no, la mente humana intenta clasificar a todas las personas que conocemos en función de una multitud de etiquetas: raza, género, clase, religión, ciudad natal, etc. En un momento dado, una de estas categorías es la más importante, y esa es la lente sesgada a través de la cual vemos a alguien. Por prejuicio, quiero decir que al determinar el grado de similitud de cualquier persona con nosotros (es decir, la misma religión, la misma ciudad natal), nuestras mentes alteran nuestra disposición a ayudar a esa persona en un momento de necesidad. Tanto a nivel psicológico como biológico, el sesgo de favorecer a otros similares tiene mucho sentido: los costes asociados a sentir y aliviar el dolor de las personas cercanas a nosotros merecen más la pena, ya que son las personas que tienen más probabilidades de devolver el favor más adelante. Así es exactamente como funcionan muchos grupos de inmigrantes cuando se trasladan a nuevos países. Viven juntos en enclaves y se apoyan los unos a los otros en los momentos difíciles, a menudo de forma muy insular.

. . .

Dado que actuar con compasión hacia los demás es una decisión intertemporal -proporcionarles recursos ahora con una esperanza (incluso inconsciente), pero sin garantía, de reciprocidad en el futuro-, sólo tiene sentido desde una perspectiva evolutiva si las probabilidades de que el otro devuelva el favor son decentes. De ahí el interés por la similitud. Ayudar a un miembro del propio equipo -sea cual sea la definición de equipo- hace que sea más probable recibir una retribución, ya que los objetivos de ambas personas están alineados. En pocas palabras, es más seguro actuar con compasión hacia otras personas con las que se comparten inversiones recíprocas; es menos probable que acepten el favor y huyan. Estos cálculos no suelen ser conscientes, pero se producen. Y son muy, muy profundos. Tan profundos que pueden influir no sólo en la compasión que sientes hacia las personas que conoces desde hace tiempo, sino incluso en la compasión que sientes por las que acabas de conocer.

Para demostrar lo arraigado que está este sesgo, Piercarlo y yo decidimos centrarnos en el marcador de afiliación más aparentemente insignificante que pudimos encontrar: la sincronía motora. Es exactamente lo que parece: mover partes de dos cuerpos a la vez. Pensamos que funcionaría, ya que percibir que los objetos de cualquier tipo se mueven al unísono se interpreta normalmente como que están unidos de alguna manera: dos piezas de un todo mayor. Además, la sincronía ofrecía la ventaja de no estar ligada a ninguna categoría social preexistente, lo que nos permitía crear una sensación de similitud de la nada.

çPara ello, llevamos a personas a nuestro laboratorio para lo que ellos creían que era un experimento sobre la percepción de la música. Cuando llegaron, los sentamos frente a un actor que creían que era otro participante. Les pedimos que se pusieran los auriculares y que simplemente golpearan con la mano el sensor colocado frente a ellos cada vez que oyeran un tono. El actor hacía lo mismo. El truco consistía en manipular los tonos para que algunas personas oyeran los mismos sonidos que el actor, con lo que la pareja golpeaba sus manos al unísono. En otros casos, los tonos eran completamente aleatorios, lo que significaba que no había ninguna coincidencia en los movimientos de golpeo.

Después del tapping, durante el cual no se pronunciaron palabras, separamos a los dos y preguntamos a los participantes en qué medida pensaban que se parecían a la persona que había estado sentada frente a ellos. A continuación, mediante una puesta en escena, presenciaron cómo el actor era engañado por otra persona durante un procedimiento de asignación de tareas, lo que le obligaba injustamente a realizar un trabajo más oneroso en el laboratorio que los demás. Los asistentes pudieron comprobar la compasión que sentían por su situación y, si lo deseaban, podían ofrecerse como voluntarios para asumir parte de la carga de trabajo del actor.

El simple hecho de haberse dado la mano en el tiempo con otra persona hizo que nuestros participantes creyeran que eran más parecidos a él.

No sabían muy bien por qué, pero sin embargo sentían algún tipo de vínculo con él. Como esperábamos, el movimiento sincronizado servía como marcador de similitud.

Este fenómeno no es tan sorprendente. Lo vemos en los rituales. Lo vemos en las marchas militares. Lo vemos en las danzas de formación de equipos, como la haka maorí.

Es un mensaje para el cerebro de que, aquí y ahora, los objetivos y resultados de las personas están unidos. Y así, nuestros participantes intentaron crear historias para explicar los sentimientos de similitud que sus mentes ya habían generado. Algunos creyeron que el actor estaba en su clase de inglés de primer año; otros pensaron que había sido un invitado a una gran fiesta a la que habían asistido la semana anterior. Nada de esto era cierto. Sin embargo, esa mayor sensación de similitud hizo que la gente sintiera más compasión por su situación. Aunque siempre fue víctima del tramposo de la misma manera, los que se sentían más afines a él por haber hecho tapping en sincronía estaban dispuestos a sentir su dolor más que los que no compartían ningún sentido de similitud. Ese aumento de la compasión también se tradujo en una mayor disposición a ayudarle ofreciéndose a asumir parte de su carga de trabajo.

Por un lado, estos resultados muestran la desafortunada naturaleza socialmente limitada de la compasión.

Nos guste o no, hay un sesgo parroquial en cuándo y cómo la sentimos. Pero, por otro lado, también sugieren una forma de cultivar la compasión que no se centra en la lucha contra el sistema, sino en el juego. Si los sentimientos de similitud aumentan la compasión, y algo tan sencillo como dar golpecitos con las manos produce una diferencia notable, entonces todo lo que hay que hacer para empezar a sentir más compasión es empezar a cambiar la forma de pensar sobre los demás. No hay nada mágico en dar golpecitos. Cualquier señal de similitud servirá. Hemos repetido el experimento haciendo que las personas lleven pulseras del mismo color y hemos encontrado los mismos resultados. En conjunto, estos hallazgos sugieren que el simple hecho de tomarse el tiempo de buscar y pensar en lo que se tiene en común con los demás es una forma segura de sentir más compasión por ellos, siempre y cuando sea necesario.

. . .

Por ejemplo, en Boston, utilizar esta estrategia puede significar intentar no pensar en tu nuevo vecino como el tipo de Nueva York al que le gustan los temidos Yankees, sino como un fan de la cafetería local que también te gusta. O pensar en la persona que se sienta frente a ti en el autobús no como alguien de un grupo étnico diferente, sino como un habitante más de tu ciudad. Buscar puntos en común, en lugar de hacer hincapié en las diferencias, contribuirá en gran medida a aumentar tu tendencia a preocuparte por el bienestar de los demás, permitiéndote experimentar una emoción que refuerza tu propio autocontrol.

Reconozco que esta recomendación puede sonar trillada.

Así que permítanme ofrecerles uno de mis ejemplos favoritos para mostrar lo poderoso que puede ser enfatizar la similitud. En diciembre de 1914, en las afueras de Ypres (Bélgica), los británicos y los alemanes se enfrentaron en una sangrienta batalla. En la víspera de Navidad, mientras los británicos estaban sentados en sus trincheras mirando al otro lado del campo que los dividía de sus adversarios alemanes, comenzaron a escuchar cantos.

. . .

Entonces vieron destellos de luz. Aunque la mayoría no dominaba el alemán lo suficiente como para traducir la letra, las melodías les resultaban familiares. Los alemanes cantaban villancicos y encendían velas. Algunos de los británicos dieron entonces el extraordinario paso de hacer señales y acercarse a los hombres que horas antes habían intentado matarlos. Los alemanes actuaron del mismo modo. Lo que ocurrió a continuación se conoce como la tregua de Nochebuena. Los hombres empezaron a hablar, a compartir fotos de sus familias e incluso a intercambiar regalos.

Una de las razones principales de este sorprendente acontecimiento se encuentra en las propias canciones.

En esos momentos en que los británicos y los alemanes se dieron cuenta de que estaban a punto de celebrar la misma fiesta religiosa, llegaron a ver la identidad social que compartían. No se veían unos a otros en términos de nacionalidad, sino de religión. Ya no eran alemanes y británicos, sino compañeros cristianos. Ya no querían hacerse daño mutuamente, sino que sentían empatía. Y aunque poco común, este acontecimiento ciertamente no es único. En 2006, facciones que llevaban varios años enfrentándose en Costa de Marfil dejaron las armas y celebraron juntos en paz la clasificación de la selección nacional para la Copa del Mundo. También en este caso, personas que habían estado luchando entre sí se unieron repentinamente al poner de relieve una identidad conjunta en lugar de la de las facciones.

Admito que estos ejemplos representan casos extremos. Pero en su extremo, sugieren lo que se puede conseguir buscando la similitud. Si la similitud puede, en ocasiones, hacer que la gente esté dispuesta a confiar y empatizar con otros que un día antes estaban tratando de dispararles, debería poder fomentar con más frecuencia un sacrificio menor destinado a ayudar a otro. Cuando se combina con nuestro trabajo que demuestra el poder que la identificación de una asociación pequeña e incluso trivial puede ejercer sobre la compasión y sus comportamientos prosociales resultantes, detenerse a diario para dedicar tiempo a buscar vínculos con otros promete merecer el esfuerzo.

En muchos sentidos, esta comprensión nos hace cerrar el círculo. Una de las razones por las que la meditación aumenta la compasión es que fomenta la ecuanimidad. En el sentido budista, la ecuanimidad no significa sólo compostura o calma, sino más bien un estado mental que reduce las tensiones al ayudarnos a darnos cuenta de la humanidad compartida y de la importancia de todas las personas. La meditación empieza a ralentizar y finalmente acaba con la tendencia de la mente a separar a las personas en diferentes categorías: blanco, negro, rico, pobre, amigo, enemigo. El resultado es que todos llegan a ser vistos como igualmente valiosos e igualmente vinculados. Y como acabamos de ver, crear un vínculo con las personas es todo lo que se necesita para sentir más compasión por ellas. En realidad, la tarea de tapping -o cualquier método que utilices para encontrar similitudes con otros- es un atajo: una forma de jugar con el sistema. Te permite dirigir la mente para que haga lo que la meditación haría de forma automática, conduciendo a resultados similares.

Afortunadamente, las mismas reglas se aplican incluso cuando el otro en cuestión es el yo futuro. Como vimos en el trabajo de Jeremy y Hal al principio de este capítulo, la compasión por nuestro yo futuro -queriendo asegurarnos de que no estamos sin dinero, enfermos o infelices- nos empuja a la autocontención. Y, a diferencia de la gratitud, podemos sentir compasión por nuestros futuros yos; aunque ellos no puedan beneficiarnos, sí podemos actuar para ayudarlos.

Sin embargo, el problema obvio es que, como hemos visto, la mayoría de la gente no suele sentir afinidad o vínculo con su yo futuro. En esencia, todos tenemos una brecha de empatía con el nosotros del futuro. Acumulamos deudas en lugar de invertir, salimos de fiesta en lugar de trabajar duro, o comemos en exceso en lugar de hacer ejercicio, precisamente porque los costes parecen muy remotos y serán asumidos por alguien que apenas podemos imaginar.

Aunque la realidad virtual puede ayudar a salvar esta brecha en la compasión, no es una tecnología que la mayoría de la gente tenga a su alcance. Practicar la atención plena puede ayudar, ya que cualquier aumento de la compasión que sintamos, independientemente de por quién la sintamos, aumenta el autocontrol. Pero la falta de compasión por un yo futuro no sólo se debe a que nos sintamos disociados de ese yo -lo que la meditación también puede ayudar a contrarrestar-, sino a que nunca tenemos la oportunidad de ver a esa persona en apuros. Tenemos que hacer que nuestro yo futuro sea lo más real posible y luego intentar ponernos en su lugar.

Sin embargo, al tratar de imaginarnos a nosotros mismos en el futuro, es importante evitar un pensamiento demasiado positivo. Del mismo modo que la mente puede hacer un razonamiento motivado para justificar el engaño, puede empujarnos a imaginar que todo nos saldrá a pedir de boca en las próximas décadas. La esperanza, por supuesto, es que así sea.

Sin embargo, para trabajar para asegurarlo, tenemos que mirar con ojo crítico y prepararnos, como la hormiga de Esopo, para la posibilidad de tiempos difíciles. Podemos recalibrar nuestro sentido de lo que es realmente probable echando una mirada objetiva a la forma en que los que nos rodean están gestionando la vejez, económicamente y de otro modo, así como a partir de las proyecciones sobre los ahorros para la jubilación, los efectos de una alimentación poco saludable, y similares.

Teniendo en cuenta esta información, puede ser útil dedicar media hora de vez en cuando a escribir una carta a nuestro yo futuro, o al menos a mantener una conversación imaginaria con él. Muchos padres escriben cartas a sus hijos para que las abran en los próximos años. Y es la compasión que sienten por ellos lo que la motiva: explicar opciones, dar consejos, expresar esperanzas y sueños para su éxito. Pero pocas personas escriben cartas a su yo futuro. Hacerlo, o incluso imaginar regularmente lo que diríamos, nos obligará a considerar el bienestar de nuestros futuros yoes *-sentir* por ellos- y, por tanto, a explicar las decisiones que tomamos en el presente. Ayudará a nuestra mente a cruzar la barrera temporal que nos separa de nuestro futuro, facilitando así el camino para que fluya la compasión e inspirándonos a actuar de manera que podamos prevenir cualquier angustia que podamos experimentar en los años venideros.

. . .

Sin embargo, es importante reconocer que las discusiones temporales pueden ir en ambos sentidos.

Mientras que un yo del futuro no puede hablar con un yo del presente, a diferencia de lo que ocurre a la inversa, un yo del presente puede menospreciar a un yo del pasado. Por tanto, una estrategia adicional a tener en cuenta es intentar abstenerse de amonestar con dureza o, peor aún, avergonzarse de los fracasos del pasado, suponiendo que hayan sido intentos bienintencionados.

Sentir compasión por alguien no significa nunca ser un imbécil. No significa excusar la pereza, el engaño, el exceso de comida o cualquier otro fallo aparente de autocontrol si no hubo una verdadera intención inicial de tener éxito. Lo que sí significa la compasión es perdonar el fracaso cuando las personas, incluido tu propio yo del pasado, intentan alcanzar un objetivo pero se quedan cortos. Sin embargo, reconocer si un fracaso es honesto o no, puede ser difícil.

Como hemos visto, la mente consciente tiende a encubrir o racionalizar sus debilidades cuando se trata de perseverar.

Por lo tanto, una estrategia para tratar de aclarar las cosas es buscar cualquier tensión emocional, cualquier punzada de culpa o arrepentimiento que se encuentre bajo la superficie.

Del mismo modo que en mis estudios sobre el engaño estas eran las señales de las transgresiones morales encubiertas de la gente, también pueden indicar que otros tipos de fallos de autocontrol se derivan de un esfuerzo poco honesto.

Para hacer frente a este reto, recomiendo dos estrategias. La primera se centra en tener una visión clara de tu propio estilo habitual de autoconversación. Cuando reflexiones sobre los fracasos del pasado, escribe lo que piensas o, mejor aún, verbaliza y graba tu diálogo interno. Este registro en tiempo real es mucho menos vulnerable a los sesgos interpretativos posteriores. Como tal, ofrecerá una visión importante sobre si sientes autocompasión y cómo la sientes. Una segunda táctica relacionada es reservar un tiempo una vez a la semana aproximadamente para reflexionar sobre un fracaso pasado en el que el esfuerzo por tener éxito fue elevado, y luego perdonarlo.

Optar por condenar esos fracasos -si es que el primer ejercicio revela que es una respuesta típica- sólo fomentará la vergüenza y la ansiedad por los futuros, dos emociones que por sí mismas irán minando continuamente el autocontrol. Utilizar estas estrategias para descubrir tu propio estilo y luego, si es necesario, cultivar la autocompasión para cambiarlo, hará justo lo contrario.

Entrenar nuestra mente para que la autocompasión sea la respuesta por defecto no sólo aumentará el autocontrol y la valentía en el futuro, sino que también ayudará a que nuestro cuerpo sea resistente frente al estrés.

12

Gratitud y éxito social

Hasta ahora, hemos examinado el autocontrol y el éxito bajo una especie de microscopio. Hemos visto cómo la gratitud, la compasión y el orgullo hacen que las personas estén más orientadas al futuro y, por lo tanto, más dispuestas a controlar sus impulsos y a perseverar hacia sus objetivos.

Hemos visto cómo estos estados amortiguan simultáneamente la mente y el cuerpo de las personas frente al estrés diario que llamamos vida. Y hemos visto cómo estas emociones pueden fluir y reforzar las redes sociales, haciendo que los individuos que las componen sean más felices y resistentes. Pero hay otra ventaja de adoptar una ruta emocional hacia el éxito: puede ampliarse tanto hacia arriba como hacia afuera.

. . .

Por ampliar, quiero decir que estas emociones pueden dar forma a decisiones que mejoren la sociedad en su conjunto. El cambio climático, el desmoronamiento de las infraestructuras, la atención sanitaria y otros problemas similares son dilemas de elección intertemporal: parte de su solución requiere aceptar costes a corto plazo para allanar el camino hacia un futuro mejor. Pero resolver estos problemas es especialmente difícil porque puede ser muy complicado relacionar los sacrificios palpables que debemos hacer a corto plazo con los beneficios futuros que probablemente serán minúsculos (si no invisibles) para nosotros como individuos.

CUANDO MÁS MENTES SON PEORES QUE UNA

¿Cuánto vale el bien público? Puede ser una pregunta delicada. Aunque nadie en su sano juicio quiere que los demás sufran, ofrecerles ayuda requiere dinero y esfuerzo. A esto hay que añadir que una persona cualquiera también forma parte de este "público" -cada uno de nosotros, como ciudadanos de una sociedad, se beneficia en cierta medida de los impuestos, los esfuerzos y los recursos conexos aportados por otras personas- y la ecuación puede resultar bastante compleja. Lleva la noción de los individuos en la cooperación quid pro quo a una escala mucho mayor. Sin embargo, es una escala en la que, nos demos cuenta o no, participamos todos los días. A quién votamos, qué políticas apoyamos y cómo consumimos los recursos son factores que determinan no sólo nuestros resultados, sino los de todos los demás.

Para estudiar cómo las personas deciden qué compensaciones son aceptables cuando se trata de ganancias y pérdidas individuales frente a las públicas, los economistas del comportamiento han creado un juego experimental que capta con elegancia las cuestiones implicadas.

Se llama el juego de los bienes públicos y, como su nombre indica, da a la gente la opción de contribuir con su dinero a un bote público o quedárselo para sí misma. Para simular los beneficios que se reciben por las contribuciones a la sociedad, el dinero depositado en el bote público se multiplica por un factor y los beneficios resultantes se distribuyen entre todos los jugadores. Sin embargo, hay dos trampas. La primera es que el factor por el que se multiplica el bote público es siempre menor que el número de jugadores, lo que significa que el dinero que cualquier jugador recibirá del bote público es menor que la cantidad que poseería si se quedara con su dinero. Esto establece una dinámica en la que los mayores beneficios para el grupo se producen si todos contribuyen en su totalidad, pero los mayores beneficios para los individuos vienen si son jinetes libres que se benefician de las contribuciones de los demás. La segunda es que las decisiones suelen ser secretas; nadie sabe si una persona determinada ha decidido contribuir al bien público.

En muchos sentidos, esta situación refleja la dinámica de la vida cotidiana.

A menos que la gente declare sus contribuciones o posiciones, no sabemos quién paga qué en impuestos, a quién o qué políticas ha votado, si depende de la ayuda pública para mantenerse cuando podría conseguir fácilmente un trabajo, si paga más por la energía limpia, etc. La teoría en la que se basan los impuestos, muchas políticas sociales, el diezmo y otras cosas similares es que cada persona contribuye con parte de sus recursos individuales (ajustados a su posición en la vida) para garantizar el beneficio de todos. Pero, como sabemos, el sistema nunca funciona tan equitativamente como debería.

Para los teóricos del juego, la mejor estrategia a utilizar en estas situaciones está clara. Si lo que realmente te importa es maximizar los beneficios, sé un cabalgante libre. No des nada. Sin embargo, en el juego de los bienes públicos, suele surgir una trayectoria diferente. Al principio, la mayoría de la gente contribuye con una buena cantidad al fondo público, lo que suele dejar a los economistas dándose de bruces con la situación, ya que parece bastante irracional.

Este comportamiento proviene de nuestras intuiciones innatas. Históricamente, cuando las personas vivían en pequeños grupos y compartían recursos -tierra para cultivar o pastorear, esfuerzos conjuntos para cazar-, la libertad de movimientos era costosa. A menos que una persona tuviera un anonimato total, la sombra del futuro siempre acechaba.

Claro, una persona podría salir ganando a corto plazo, pero cuando los demás se dieran cuenta de que no estaba aportando nada, sería castigada, condenada al ostracismo o algo peor. Por eso, incluso hoy, cuando la gente empieza a jugar a un juego de bienes públicos, se siente obligada a actuar de forma comunitaria.

Sin embargo, en un juego en el que el verdadero anonimato es la norma, la gente empieza a darse cuenta de que el comportamiento egoísta no supondrá ningún coste a largo plazo para su reputación. Así, a medida que el juego avanza y la gente se da cuenta de que no todo el mundo paga su parte justa, las contribuciones se reducen hasta que, al final, sólo hay unos pocos "donantes" dedicados que insisten en hacer lo correcto. Lo que vemos en este juego es un tipo de dilema del prisionero ampliado, en el que los resultados de las personas no están ligados directamente a las acciones de un compañero, sino a las de un grupo más amplio. El resultado es una difusión de la responsabilidad combinada con una mayor incertidumbre en cuanto a la obtención de recompensas. Y así, para muchos, resulta más fácil ser egoísta.

Si hay personas que van por libre y no son castigadas, es tentador convertirse en una de ellas. Después de todo, no sólo se benefician en el momento, sino que hacen más improbable que tus sacrificios sean recompensados a largo plazo.

Razonamientos como éste, combinados con nuestra habitual preferencia por la gratificación inmediata, pueden hacer que los problemas nacionales o globales sean extremadamente difíciles de abordar.

Con el tiempo, los beneficios de abordar el cambio climático seguramente superarán los costes inmediatos, pero esos beneficios no se materializarán durante décadas. Y las personas que los perciban no serán probablemente las que acepten más sacrificios. Los mineros del carbón de los Apalaches que podrían perder sus puestos de trabajo no verán probablemente tantos beneficios como las personas que viven en ciudades costeras de baja altitud donde el aumento del nivel del mar será un problema. Esta naturaleza ampliamente distribuida de las recompensas lleva a la gente a descontar el futuro en un grado aún mayor que el habitual.

En muchos sentidos, cuantas más mentes estén involucradas, más difícil será conseguir que la gente haga lo correcto.

Cuantas más oportunidades haya de aprovecharse de la situación, más difícil será conseguir que la gente haga lo correcto.

-Si la gente no paga su parte, es más difícil que los demás crean que se van a beneficiar y que no les están tomando el pelo. Aunque estadísticamente se puede argumentar a favor de contribuir a la "olla" común -todos nos beneficiamos de carreteras y puentes en buen estado, de una agricultura fiable, de un aire y un agua limpios, de un ejército fuerte- esos beneficios apoyados por la comunidad pueden parecer abstractos, muy alejados de la vida cotidiana. Mientras que históricamente el sacrificio, el autocontrol y la cooperación necesarios para sobrevivir tenían lugar entre grupos relativamente pequeños de personas que podían, en muchos sentidos, responsabilizarse unos a otros, ahora dependen de millones de personas a menudo separadas por grandes distancias. Como resultado, rara vez reconocemos los beneficios que recibimos de las contribuciones de otras personas hasta que nos encontramos en una situación muy vulnerable.

Resolver estos problemas requiere un autocontrol a gran escala.

También es necesario abordar el problema asociado de tomar demasiado de un recurso disponible públicamente para fines egoístas. Este fenómeno - conocido como la tragedia de lo común- se produce cuando la gente agota los recursos compartidos para obtener un beneficio inmediato. Por ejemplo, si los pescadores pescan en exceso para obtener beneficios individuales a corto plazo, las poblaciones de peces que alimentan a todo el mundo disminuirán y, con el tiempo, podrían desaparecer por completo.

Las situaciones en las que la apreciación de las ganancias requiere un pensamiento complejo y estadístico *y el* contacto con los perjudicados por las decisiones egoístas constituyen un entorno tóxico para ejercer el control ejecutivo. La gimnasia mental necesaria para razonar y apreciar por qué el autocontrol es necesario o correcto se vuelve más ardua.

Necesitamos un enfoque que pueda conmover a la gente a un nivel muy básico e intuitivo. Uno que no requiera un pensamiento elaborado. Uno que pueda tomar fácilmente los métodos ancestrales de la mente para resolver problemas de cooperación y autocontrol a una escala más pequeña y amplificarlos para que funcionen en otras más grandes: las emociones sociales.

COSTUMBRES EMOCIONALES

Las emociones mencionadas en este libro poseen dos rasgos comunes que afectan a la forma en que las personas forman o cambian sus actitudes y creencias. En primer lugar, como hemos visto, combaten nuestra tendencia a descontar el valor de las recompensas futuras.

En segundo lugar, alteran nuestra percepción de otras personas para que creamos que es más probable que sean cooperativas y dignas de confianza.

. . .

En conjunto, las emociones de tono moral, como la gratitud, la compasión y el orgullo, parecen especialmente aptas para cambiar las actitudes de forma que beneficien a todos a largo plazo.

Al hacer que todos estemos más orientados hacia el futuro y que seamos menos suspicaces con los posibles aprovechados, facilitan el camino hacia la contribución o el sacrificio para mejorar el bien común a largo plazo.

De acuerdo. Parece claro que cuando se evocan las emociones morales, la gente *dirá* que valora las decisiones y los comportamientos que redundan en el interés comunitario a largo plazo. Pero a la hora de la verdad -cuando la gente se enfrenta a costes o inconvenientes reales-, ¿coincidirán sus palabras con sus actos? Necesitamos respuestas a esta pregunta antes de empezar a utilizar las emociones morales para intentar cambiar la sociedad. Me complace informar que las primeras respuestas son bastante alentadoras.

Un ejemplo es el uso de la electricidad. En muchas áreas metropolitanas, la electricidad se suministra a través de una infraestructura anticuada -la red eléctrica- que con demasiada frecuencia se ve sobrecargada en los días calurosos de verano, cuando la gente busca la comodidad de un hogar u oficina frescos.

Solo en 2013, grandes apagones debidos a la alta demanda dejaron a cientos de miles de personas sin electricidad en Nueva York, Washington, Filadelfia y Boston. También se produjeron grandes apagones en Canadá, Japón y la India.

Los apagones de este tipo son, de hecho, bastante evitables; las compañías eléctricas disponen de la tecnología necesaria para evitarlos desde hace años. El problema son los clientes, o más concretamente, su falta de autocontrol.

En el fondo, la dinámica de los apagones de verano constituye un dilema de bienes públicos. Como en la tragedia de los bienes comunes, hay un recurso que beneficia a muchos, pero sólo sigue siendo viable si nadie lo acapara. Si demasiada gente se apropia de él, se agota o, en este caso, se rompe al producirse un cortocircuito en los circuitos eléctricos. La manera más fácil de resolver este problema, por supuesto, es que la gente coopere. Cada persona tiene que hacer uso de la autocontención para consumir menos recurso del que le gustaría, lo que en este caso significa aceptar una temperatura en casa o en la oficina un poco más cálida de lo ideal. La alternativa es que todos pongan el aire acondicionado al máximo y se arriesguen a que la energía desaparezca temporalmente y todos sufran más.

Como era de esperar, teniendo en cuenta lo que sabemos sobre el autocontrol, la mayoría de la gente ajusta sus termostatos a temperaturas más bajas de lo que podría ser mejor para la red energética, ya sea porque esperan beneficiarse de los sacrificios de otras personas o porque no quieren ser un tonto y permitir el comportamiento egoísta de otras personas. En un esfuerzo por tratar de impulsar el comportamiento cooperativo, muchas empresas de servicios públicos ofrecen regularmente la instalación de pequeños dispositivos de radio cerca de los aparatos de aire acondicionado de sus clientes que pueden recibir una señal cuando el riesgo de un apagón es alto. Cuando se recibe una señal de este tipo, estos dispositivos suben automáticamente la temperatura del termostato unos grados, reduciendo así la carga de la red eléctrica. Es rápido, es fácil, y sin embargo muy pocas personas aceptan que se les instale el dispositivo.

En comunidades de todo el país, la participación casi nunca supera el 20%.

. . .

Una de las principales razones de estos bajos índices de cumplimiento, como he sugerido antes, se debe a que ahora nos enfrentamos a situaciones que difieren drásticamente en términos de escala y tecnología de aquellas en las que los humanos evolucionaron. Históricamente, era bastante fácil saber si alguien estaba tomando más de su parte de un recurso. Si una persona dejaba que sus vacas pastaran demasiado en el prado público, sacaba demasiada agua del pozo público o no ayudaba en la crianza del granero local, probablemente los demás se darían cuenta.

Pero cuando hablamos de una escala de miles de personas y de comportamientos que son fáciles de ocultar, como el ajuste del termostato dentro de su propia casa, los mecanismos habituales que podrían limitar el comportamiento egoísta se vuelven más fáciles de suprimir o ignorar. Si nadie sabe que una persona es egoísta, es menos probable que se preocupe por manchar su reputación. Y si es menos probable que algunas personas se preocupen por su reputación, también será menos probable que otras utilicen el autocontrol para comportarse de forma cooperativa y admirable.

A pesar de lo intratable que pueda parecer este dilema, hay formas bastante sencillas de abordarlo. Si la tecnología y la escala permiten a la gente ocultar su egoísmo, todo lo que se necesita para cambiar su comportamiento es hacerlo público. Uno de los ejemplos más poderosos de esto proviene de un ingenioso estudio dirigido por un economista en colaboración con PE, una de las mayores empresas de servicios públicos de Estados Unidos. PE, con un éxito bastante limitado, había estado ofreciendo a los clientes 25 dólares para que se apuntaran a un dispositivo de apagado conectado a sus aparatos de aire acondicionado. El equipo se preguntó si la empresa de servicios públicos podría tener más suerte si, en lugar de incentivar a la gente con una recompensa recibida en privado, optaba por aprovechar las preocupaciones de sus clientes sobre cómo los veían los demás. Así que se hizo un pequeño cambio en la forma en que la gente podía inscribirse para que se les instale un dispositivo de apagado.

Aunque los clientes seguían recibiendo la misma invitación a participar por correo, ahora se inscribían escribiendo su nombre en un formulario que se colgaba en un lugar público para que lo vieran sus vecinos. De este modo, todo el mundo sabría quién había aceptado que se instalara un dispositivo en su casa. Y como estos dispositivos fijaban automáticamente la temperatura de refrigeración, la gente podía estar bastante segura de que los que se apuntaban no estaban haciendo trampas a puerta cerrada. Por supuesto, esto también significaba que era igualmente fácil determinar quiénes se comportaban de forma egoísta. Los que se inscribían podían sentirse orgullosos; los que no lo hacían, probablemente no sentirían más que el rechazo de sus vecinos.

. . .

En la medida en que un pueblo fomenta y permite las emociones morales entre sus miembros, aumenta la probabilidad de que su perspectiva general sea de futuro. Hay dos formas complementarias de hacerlo, por supuesto. Una es integrar estos estados en un ethos cultural: hacerlos parte central de las normas que una sociedad valora para que los niños lleguen a interiorizarlos a medida que crecen. Los compasivos, por ejemplo, no pueden evitar querer actuar de forma que beneficie a los demás, incluso con un coste inmediato para ellos mismos.

Uno de los mejores ejemplos de esta estrategia puede verse en Dinamarca.

Los daneses creen que el aprendizaje de la empatía y la compasión es tan esencial para el éxito y la felicidad futuros como el aprendizaje de las matemáticas o la literatura. Y es una opinión respaldada por investigaciones sólidas. Por eso las escuelas danesas suelen incorporar lecciones y ejercicios de empatía como parte de su plan de estudios habitual.

Al enseñar a los niños a ponerse mentalmente en el lugar de los demás, a trabajar en cooperación y a apoyarse mutuamente cuando lo necesiten, los alumnos llegan a la edad adulta con un mayor deseo y capacidad de actuar con compasión. Y aunque no hay un experimento que vincule directamente esta mayor compasión con otros aspectos de la sociedad danesa, los posibles vínculos son evidentes. Los daneses no sólo se sitúan habitualmente en los primeros puestos de las sociedades más felices del mundo, sino que, además, también se sitúan en los primeros puestos en cuanto a la defensa de políticas medioambientales con visión de futuro.

Por ejemplo, los daneses han adoptado políticas fiscales que fomentan tanto un menor uso de la energía como el desarrollo de nuevas tecnologías verdes. Ambas cosas, por supuesto, requieren que la gente de contribuya con más dinero en el presente en forma de impuestos, pero ofrecen el potencial de mayores ganancias compartidas en los años venideros.

Una segunda forma de utilizar las emociones sociales para fomentar el éxito de una sociedad a largo plazo es enmarcar las políticas o acciones de forma que evoquen emociones y preocupaciones morales. Al fin y al cabo, una de las razones por las que la gente gasta más en un coche híbrido es el orgullo de demostrar no sólo que se lo puede permitir, sino también que está haciendo su parte por el medio ambiente.

. . .

Por tanto, en la medida en que las cuestiones sociales de interés apremiante puedan enmarcarse honestamente en términos morales, ello ofrecerá un mayor poder de persuasión siempre y cuando -y no está de más insistir en este punto- las personas capacitadas para tomar decisiones compartan el mismo código moral.

Sin embargo, por muy poderosas que sean las emociones a la hora de orientar las decisiones, es importante reconocer que las personas suelen aportar una buena cantidad de conocimientos previos -ya sean precisos o no- a los debates sobre las leyes y políticas que les afectan. Esta información influirá necesariamente en sus decisiones finales. Por ello, quiero señalar un beneficio adicional que puede derivarse de la integración de las emociones sociales en el tejido social: ayudan a evitar que nos ceguemos ante los hechos. Como hemos visto, la mente humana está a veces más que dispuesta a tergiversar los hechos y los puntos de vista de forma interesada; la gente estaba bastante dispuestos a ver sus propias transgresiones como menos objetables de lo que realmente eran.

No debería sorprender, entonces, que la mente consciente haga lo mismo cuando se trata de hechos que pueden interponerse en el camino de nuestros deseos más inmediatos. Podemos caer fácilmente en la tentación de creer en "noticias falsas" cuando nos conviene.

. . .

Después de todo, no hay razón para que la gente acepte sacrificios ahora si el futuro no presenta ningún desafío real.

Y para ello, hemos visto que nuestras mentes albergan un motivo para encubrir cualquier hecho que amenace nuestra capacidad de obtener más placer o satisfacción a corto plazo, incluso cuando eso significa borrar un poco nuestros recuerdos. Sin embargo, como también hemos visto antes, la elección de centrarnos en nuestras respuestas emocionales a los dilemas puede proporcionar una especie de antídoto a los motivos de satisfacción inmediata, independientemente de que esos motivos se dirijan a decisiones que sólo nos afectan a nosotros o a otras cuyas ramificaciones se van a sentir a una escala mucho mayor.

El mensaje es claro: una sociedad que cultiva cuidadosamente y se dirige a la gratitud, la compasión y el orgullo es más propensa a conservar sus recursos y a construir hacia el futuro.

El objetivo es empezar lo antes posible a ofrecer ejemplos de cómo utilizar con éxito las respuestas socioemocionales. Esto es algo que pueden hacer tanto las instituciones como los padres. No estoy diciendo que haya que imponer a la gente ideas sobre lo que debe sentir. Más bien sugiero que la simple enseñanza del valor de las emociones morales -mediante la instrucción verbal y el modelado- puede fomentar normas virtuosas. Nuestras mentes vienen sembradas con estos mecanismos emocionales; sólo hay que cuidar esas semillas para que puedan florecer.

Conclusión

Es así como llegamos al final de este libro para dar inicio a tu travesía de gratitud. Es importante que consideres los puntos de este libro como una oportunidad de mejorar y no de recriminarte. Como vimos anteriormente, es distinto sentirte en deuda que sentirte agradecido. Si sientes que he sido lo suficientemente bueno explicando una de tantas rutas posibles hacia la gratitud, agradece siguiendo el camino que mejor se adapte a ti. Ayuda a los demás a ser agradecidos y estarás dos pasos más adelante en este importante cambio de mentalidad y de acción.

Y como debemos poner en práctica lo que aprendemos, yo te agradezco a ti por apoyar mi escritura y poner atención a las recomendaciones que te he dado. Por favor, bríndales buen uso para construir una mejor versión de ti.

Conclusión

Agradezco también a quienes me ayudaron a educarme y a corregir mis errores a través de la vida: mamá, papá, los amo.

También a Max, mi perrito, y a Lula, mi gatita.

También ustedes -aunque no puedan leer esto- son muy importantes para mí y mi corazón.

¡Avanza con decisión, gratitud y paciencia! Nos vemos pronto en un nuevo libro.

www.ingramcontent.com/pod-product-compliance
Lightning Source LLC
Chambersburg PA
CBHW052205090526
44583CB00015BA/1567